明發哥教你用120張圖學會

「量價」K線
技術分析

炒股就炒強勢股，看透主力多空操作戰法

25 年強勢股操盤手 明發 ◎著

大樂文化

Contents

上漲初期的操作戰法：
多方力量佔據主導地位 *103*

拉升環節的操作戰法：
順勢交易賺取最大利潤 *151*

掌握主力量價操作戰法，不論多空你都能賺

1990年12月19日，上海證券交易所開業，掛牌股票有八檔，讓中國股市開始踏上歷史征程。之後，1991年7月3日、2021年11月15日，深圳證券交易所、北京證券交易所也相繼揭牌開業。

從上海證券交易所開業至今，30多年來，雖然股市風雲變幻，但是大盤指數基本上處於上漲態勢，股票從最初八檔發展到現在有五千多檔，市場機制逐漸走向成熟，市場監管越來越嚴格，而越來越多人認識股市並喜歡投資。

股市有如人生，人生亦如股市，跌跌宕宕、起起伏伏。人生艱難，歲月知曉；股市艱辛，帳戶知道。股市作為證券交易市場，其實是零和賽局，儘管每個投資者都有機會，然而受到各種因素的影響，例如：國際經濟低迷、國內經濟不景氣、上市公司資訊造假、主力內線交易、老鼠倉利益輸送、投資者個人能力不足等等，只有少數人能在茫茫股海裡獲利，正所謂「七虧二平一賺」，多數人都會虧損，只是大虧與小虧的區別。

💲 瞄準強勢股短線操作，獲利快又準！

股市不同情弱者，「強者愈強，弱者愈弱」的馬太效應（Matthew Effect）是股市的真實寫照，也是炒股就要炒強勢股的依據。目前，中國股市不完全存在巴菲特倡導的長期價值投資機會，如果想在股市盡快賺錢，尋找強勢股進行短線操作，快進快出，是包括主力在內的廣大投

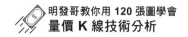

資者的較好選擇。

「大道至簡，順勢而為」，操作強勢股、把握上升趨勢，獲利立竿見影，一般情況下，當天買進，當天就能賺錢。市場上，許多大牛股、大黑馬都是從強勢股而來。強勢股必定有主力在運作，他們操盤一檔股票，不論有意或無意，都會留下蛛絲馬跡，這為散戶提供買賣強勢股的機會。

操作強勢股、把握上升趨勢，實際上就是做強勢節點，只做啟動至拉升（拔高）這幾節，也就是成長快速的幾節，而且在它成長速度變慢之前撤退離場，這樣既省時省力又省資金。

想要發掘並抓住強勢股，做好強勢節點，必須學習基礎理論，鍛練基本功，在實戰中確實體會股市，不斷累積實戰經驗，形成自己的操作思路、風格及模式。

💲 如何跟莊賺價差？本書給你方法和案例

我擁有25年的股市投資經歷，累積大量的經驗和教訓，在操盤強勢股之餘，更特別研讀一百多本證券類圖書，開闊思維眼界，提升操盤境界，有了許多體會和啟示，於是撰寫本書。

這本書主要以短線交易、短期行情跟莊操作為主，運用大量實戰案例，解析主力在操盤強勢股過程中的思路和方法，並舉一反三，引導投資者準確分析與理解主力的操盤細節、手法及目的，精準把握買賣點，做到與主力同行，實現短線快速獲利。

股市有風險，跟隨主力必須謹慎。我將自己操盤強勢股的經驗和感悟述諸筆端，融入本書裡，為一般投資者提供一些跟莊操作的思路和技法。不過，投資者不能照搬照抄，在實戰時，一定要綜合目標股票價格在K線走勢中的位置、成交量、均線形態等各種因素，進行通盤分析研判，再慎重做出買賣決策。

在撰寫本書之際，我參考大量相關作品和資料，也借鑑許多深具價值的觀點。如今我的作品得以順利出版，由衷感謝出版社的大力支持，

特別感謝責任編輯的精心指導、無私幫助，其專業水準和敬業精神始終值得作者與讀者的信賴。而且，感謝許多老師和朋友的理解支持、指導幫助。

　　路雖遠，行將必至；事再難，做則必成。投資股票如同蓋房子，得從基礎開始，既要擁有豐富的理論知識，又要累積足夠的經驗教訓。雖然我從事股市投資25年，但在證券專業知識結構、投資理念風格、操盤風險控制等方面，仍有薄弱的環節，導致本書存在一些缺失和不足。請各路投資高手和讀者批評指正，不勝感激。

　　誠心希望本書對讀者有所啟發與幫助。

第 1 章

操作強勢股之前，
透視量價關係和 5 種陷阱

　　量價關係，是指個股價格或大盤指數的漲跌，與其成交量大小的關聯，表現在成交量與價格的同步及背離兩種關係上。投資者可以透過分析個股或大盤的量價關係，判斷未來走向，決定是否買賣股票。

　　強勢量價關係，主要指成交量放大，股價同步上漲的量增價漲關係，也就是個股在成交量放大的同時，股價同步上漲的量價配合關係。量增價漲通常出現在上漲行情初期、中期，以及股價回檔洗盤結束後的上漲，但主要出現在上漲行情初期，為什麼這麼說？

　　因為個股經過一輪較長時間的調整下跌、底部震盪整理後，受到政策面、基本面和消息面等利多因素刺激，人們對市場看漲的心理進一步強化，主力機構加快目標股票的吸籌建倉，投資者踴躍進場買進籌碼。隨著成交量和股價的同步上升（即量增價漲），一輪新的上漲行情正式啟動。

　　量增價漲是最重要的一種強勢量價關係。不過，對於已經走出底部，展開初期上漲行情，而且已處於上升趨勢的個股來說，由於主力機構高度控盤，中繼上漲行情中的無量漲停、縮／放量突破前高、縮／放量突破平台、縮量強勢橫盤、衝高縮量回檔洗盤等走勢，也應當歸入強勢量價關係。

　　本章將說明量價關係的基本概念、三個典型的量價關係，以及五個常見的量價關係陷阱。

1-1 認清量價關係，從成交量、分時走勢及 K 線走勢

在「量價時空」四大要素當中，量和價是個股技術分析的最基本要素，量和價的關係涵蓋個股所有的盤面資訊，不僅反映個股波動的實際狀態，也預示個股未來發展方向。

投資者在實際操作中，一定要學會運用量價關係理論來分析並研判市場趨勢，指導實戰操作買賣。

$ 成交量

成交量是指一定時間內的具體交易數量。成交量的變化反映資金進出市場的情況，是評估市場走勢的重要指標。一般來說，成交量放大且價格上漲的股票，趨勢看漲；成交量持續低迷，說明交易冷清，正處於下跌調整或橫盤整理行情中。

成交量是判斷個股走勢，以及分析主力機構操盤目的和意圖的重要依據。雖然主力機構和大戶資金雄厚，但他們的操盤意圖都需要透過交易才能實現，而有交易就有成交量，因此分析成交量是觀察主力機構操盤動態的有效途徑。

與成交量相關的一個重要要素是成交額。成交額是某個股在一定時期內成交的金額，也就是某個股「每筆成交股數×成交價格」的總金額。成交額在市場中的作用與成交量一樣，不同的是，前者比後者更符合市場現狀。

在成交量相同的情況下，股價的不同會導致成交額的不同，用成交

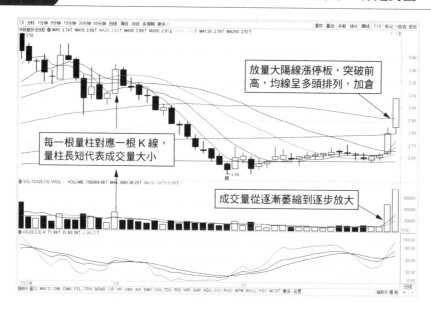

圖1-1 中銳股份（002374）2021 年 11 月 26 日的 K 線走勢圖

額指標會比用成交量指標更準確把握市場行情。不過，成交額大多運用在大盤分析，透過前後交易時間內市場參與資金量的多寡，來判斷大盤的趨勢和發展方向。

◎中銳股份（002374）

圖1-1是該股2021年11月26日收盤時的K線走勢圖，可以看出個股處於回檔洗盤後的上升趨勢中。股價從前期相對高位，2015年6月11日最高價33.09元，一路震盪下跌至2021年1月13日最低價1.99元止跌回穩（又稱止穩），下跌時間長且跌幅大，成交量極其冷清，量能極其萎縮。止穩後，主力機構快速推升股價，吸籌建倉，然後展開大幅震盪盤升行情，繼續收集籌碼，期間成交量呈現逐步放大狀態。

9月13日，中銳股份開高（開盤價3.56元），收出一根大陰線，主力機構展開回檔洗盤（挖坑）吸籌行情。10月28日至坑底最低價2.46元

止穩，主力機構再次展開強勢整理吸籌行情，K線走勢呈小陽小陰、紅多綠少、紅肥綠瘦的態勢。

　　11月25日，中銳股份開高，收出一根大陽線（收盤漲幅6.49％），突破前高和整理平台，成交量迅速放大（較前一交易日放大5倍多），股價同步上漲。

　　此時，短期均線呈現多頭排列，MACD、KDJ等技術指標走強，股價的強勢特徵顯現。面對這種情況，**投資者可以在當日或次日進場，逢低買進籌碼。**

　　11月26日，中銳股份開高，收出一個大陽線漲停板，突破前高，成交量較前一交易日進一步放大，形成大陽線漲停K線形態。此時均線（除60日均線外）呈多頭排列，MACD、KDJ等技術指標走強，股價強勢特徵再次顯現，後市股價快速上漲機率高。**投資者可以在當日或次日進場，逢低加倉買進籌碼。**

⑤ 分時走勢與量價關係

　　個股的量價關係可以透過分時走勢呈現。打開個股某日的分時走勢圖，量價關係完整涵蓋該股的所有資訊，投資者透過個股當日或之前的分時走勢與量價關係的分析，可以預見它下一個交易日的大致走勢，為後續操作提供依據、指明方向。

◎時代新材（600458）

　　從下頁圖1-2可以看出，2021年11月29日的時代新材雖然開低後快速回落，但在買盤力量推動下很快穩住陣腳，分時價格線迅速拐頭向上。此後，隨著買盤力量的不斷進場，成交量持續放大，在成交量持續不斷放大的推動下，股價也逐步上漲。整個交易日內，分時價格線依託分時均價線緩慢穩步向上。

　　收盤前半小時，隨著成交量的加速放大，股價呈快速拉升的態勢，至收盤漲幅4.37％，分時盤面呈現量價齊升，盤面強勢特徵較明顯，次

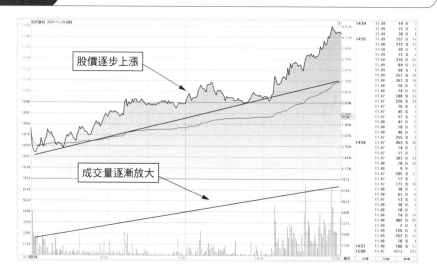

圖1-2　時代新材（600458）2021 年 11 月 29 日的分時走勢圖

日股價繼續上漲的機率高。**若投資者當天沒有買進，可以在次日跟進，逢低買進籌碼、持股待漲。**

⑤ K 線走勢與量價關係

　　個股的量價關係也能透過K線走勢呈現。主力機構大資金的進出，盤面最直接的反應就是成交量的放大，無論主力機構的操盤目的為何、手法多隱密，投資者透過成交量的變化就有跡可循。

　　從個股K線走勢圖中，可以從量價關係看到該股的所有資訊。投資者透過對個股一定交易時間內，K線走勢中量價關係的分析，可以大致判斷主力機構資金的進出位置，並能預見短期內個股的大概走勢，為後續是否買進或賣出手中籌碼提供依據。

◎新力金融（600318）

　　圖1-3是該股2021年11月1日收盤時的K線走勢圖，可以看出個股處

圖1-3　新力金融（600318）2021 年 11 月 1 日的 K 線走勢圖

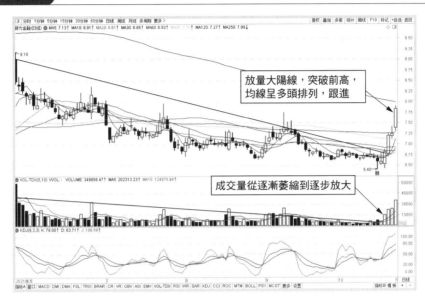

於回檔洗盤後的上升趨勢中。股價從前期相對高位，2020年7月9日最高價16.65元，一路震盪下跌至2021年10月25日最低價6.40元止穩。

　　此時成交量極其萎縮，當日收出一根長下影線錘頭陰K線，表明下檔承接力強，股價已達底部。同時，當天下午成交量突然放大，說明有主力資金入場。

　　10月26日，新力金融開低，收出一根倒錘頭陽K線，主力機構試探性上攻回檔（仙人指路），拉升行情即將展開。次日起，成交量穩定放大，股價快速上漲。

　　11月1日，新力金融開高，收出一根大陽線（收盤漲幅8.30％），突破前高，成交量較前一交易日明顯放大。此時，均線（除250日均線外）呈多頭排列，MACD、KDJ等技術指標走強，股價強勢特徵顯現，後市快速上漲機率高。面對這種情況，**投資者可以在當日或次日進場，逢低分批買進籌碼、持股待漲。**

出現地量地價，
代表主力有什麼企圖？

　　典型量價關係，是指實戰操作中比較常見、具代表性的個股成交量與股價之間形成的量價關係。典型量價關係主要包括三種：地量與股價、溫和放量與股價、巨量（天量）與股價。分析典型量價關係，對研判行情的啟動、中繼及結束，以及更準確把握個股市場行情，皆具有重要意義。

　　量在價先，只有結合成交量與股價，綜合分析個股的走勢才有意義。股市有「地量見地價」的說法，地量代表成交量極低。當市場上很少人願意買賣股票，成交量稀少冷清，行情處於極度低迷的狀態，就會形成地量。

　　地量與股價的關係一般有三種情況，本節將舉例詳細說明。

$ 股價長期震盪下跌即將止穩時

　　當股價長期震盪下跌即將止穩時，出現地量地價。個股大幅上漲後展開下跌調整行情，呈現震盪盤跌，偶爾有地量出現，並伴隨短期反彈，此時地量持續性不強。

　　經過反覆震盪下跌，耐不住跌勢折磨的投資者該賣的籌碼都已經賣完，而死扛著的投資者也不願將手中的籌碼廉價賣出，此時行情慘淡，成交極少，地量出現，且持續性較強，地量伴隨地價同步出現，股價即將止穩。

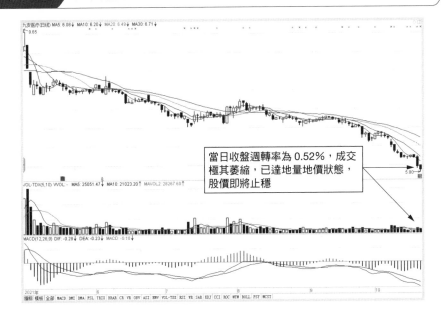

圖1-4　九安醫療（002432）2021 年 10 月 28 日的 K 線走勢圖

> 當日收盤週轉率為 0.52%，成交極其萎縮，已達地量地價狀態，股價即將止穩

◎九安醫療（002432）

　　圖1-4是該股2021年10月28日收盤時的K線走勢圖，可以看出個股處於下跌趨勢中。該股股價從前期相對高位，2020年7月10日最高價13.98元，一路震盪下跌，至2021年10月28日最低價5.80元止穩，收出一根略帶下影線的小陰線，漲幅為－1.51％，週轉率0.52％。

　　此時成交慘淡，量能極其萎縮，大致達到地量狀態，股價也到達底部出現地價。大膽的投資者**可以在當日逢低買進部分籌碼，也可以等出現明確上漲訊號時，再進場逢低買進、持股待漲**。

　　下頁圖1-5是九安醫療2021年11月15日收盤時的K線走勢圖，可以看出個股10月28日的量價關係出現地量地價狀態。次日，該股開低，收出一根中陽線（漲幅2.90％），突破前高，成交量較前一交易日有效放大，週轉率0.60％，主力機構正加緊吸籌建倉，並慢慢向上推升股價。面對這種情況，**投資者可以積極進場，逢低分批買進籌碼**。

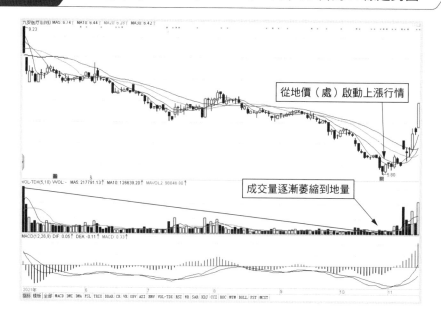

圖1-5 九安醫療（002432）2021 年 11 月 15 日的 K 線走勢圖

　　11月15日，九安醫療跳空開高，收出一個大陽線漲停板，突破前高，成交量較前一交易日放大2倍多，形成大陽線漲停K線形態。此時，均線（除120日、250日均線外）呈多頭排列，MACD、KDJ等技術指標走強，股價強勢特徵顯現，後市快速上漲機率高。**投資者可以在當日或次日進場，逢低加倉買進籌碼。**

💲 股價下跌調整後的橫盤震盪洗盤末期

　　在股價下跌調整後的橫盤震盪洗盤末期，出現地量地價，一般還可以分為三種情況。

1. 邊推升股價，邊震盪洗盤

　　在個股股價從高位下跌回穩後，主力機構直接快速向上推升股價，

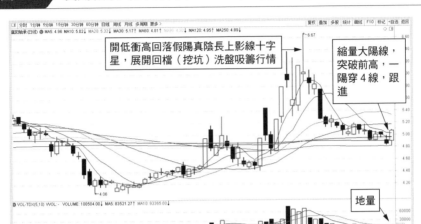

圖1-6　襄陽軸承（000678）2022 年 7 月 18 日的 K 線走勢圖

收集籌碼，然後展開震盪（挖坑）盤升洗盤吸籌行情，一邊推升股價，一邊震盪（挖坑）洗盤，清洗獲利盤和前期套牢盤，減輕後市拉升的壓力。這段期間，成交量逐漸萎縮，至坑底時出現地量，但持續性不強。

　　面對這種情況，投資者可以從股價探至坑底當日開始，進場逢低分批買進籌碼，也可以等到出現明確上漲訊號時，再進場逢低買進籌碼。

◎襄陽軸承（000678）

　　圖1-6是該股2022年7月18日收盤時的K線走勢圖，可以看出個股處於上升趨勢中。股價從前期相對高位，2019年4月18日最高價11.30元，一路震盪下跌，至2022年4月27日最低價4.06元止穩，下跌時間長且跌幅大。

　　隨後主力機構展開震盪盤升行情，一邊推升股價，一邊震盪洗盤吸籌，期間主力機構拉出5個漲停板，都是吸籌建倉型漲停板。

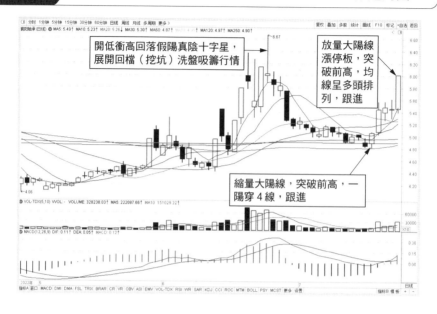

圖1-7　襄陽軸承（000678）2022 年 7 月 22 日的 K 線走勢圖

　　6月24日，襄陽軸承開低，股價衝高至當日最高價6.67元回落，收出一根假陽真陰長上影線十字星，主力機構展開回檔（挖坑）洗盤行情，打壓股價，繼續收集籌碼。

　　7月18日，襄陽軸承開高，收出一根帶下影線的大陽線，突破前高，股價最低探至4.81元，收盤漲幅4.55％，週轉率2.19％，成交量較前一交易日萎縮，且呈持續萎縮狀態，坑底已經出現。

　　當日股價向上突破5日、10日、90日和250日均線（一陽穿4線），20日均線即將走平，30日、60日和120日均線向上移動，形成蛟龍出海形態。此時MACD、KDJ等技術指標走強，股價強勢特徵顯現，後市股價上漲機率較高。**投資者可以在當日或次日買進籌碼、持股待漲。**

　　圖1-7是襄陽軸承2022年7月22日收盤時的K線走勢圖，從K線走勢和成交量柱狀的排列狀態，可以看出該股7月18日的成交量也算是地量水準，但股價止跌回升，收出一根大陽線。7月19日，襄陽軸承開高，

再次收出一根大陽線，接著20日、21日，該股展開強勢調整，並收出兩顆十字星，**正是買進籌碼的好時機。**

7月22日襄陽軸承以平盤開出，收出一個大陽線漲停板，突破平台和前高，成交量較前一交易日明顯放大，週轉率達7.14％，形成大陽線漲停K線形態。

此時，均線（除20日均線外）呈現多頭排列，MACD、KDJ等技術指標走強，股價的強勢特徵確立，後市快速上漲的機率非常高。**投資者可以在當日搶漲停板，或是在次日尋機買進籌碼、持股待漲。**

2. 抬高底部，脫離成本區

在個股股價從高位下跌回穩後，主力機構快速向上推升股價，目的是吸籌建倉抬高底部，快速脫離成本區，然後展開時間較長、幅度較大的橫盤震盪洗盤行情，清洗獲利籌碼和前期套牢盤，減輕後市拉升的壓力。

隨著橫盤震蕩洗盤時間的延續，成交量逐漸萎縮，橫盤震盪洗盤接近尾聲時出現地量，且持續性強。面對這種情況，投資者可以當天進場逢低分批買進籌碼，也可以在出現明確上漲訊號時，再進場逢低買進籌碼。

◎鄭州煤電（600121）

下頁圖1-8是該股2020年11月2日收盤時的K線走勢圖，可以看出個股處於長期下跌後的上升趨勢中。股價從前期相對高位，2017年9月7日最高價7.46元，一路震盪下跌，至2020年5月25日最低價1.71元止穩，下跌時間長且跌幅大，當日週轉率0.30％，此時成交極其冷清，量能極其萎縮。

之後主力機構快速推升股價，收集籌碼，展開橫盤震盪洗盤吸籌行情，清洗獲利盤和套牢盤，為後市拉升做準備。隨著橫盤震盪洗盤吸籌時間的延長，成交量進一步萎縮，時而出現地量，且持續性強。

11月2日，鄭州煤電開低，收出一根陰十字線（底部十字星又稱希

圖1-8　鄭州煤電（600121）2020 年 11 月 2 日的 K 線走勢圖

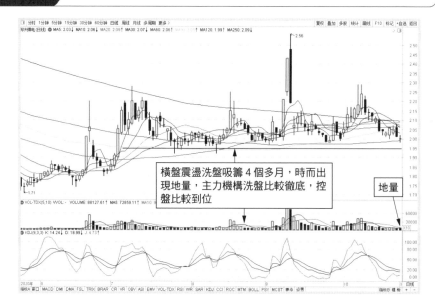

横盤震盪洗盤吸籌 4 個多月，時而出現地量，主力機構洗盤比較徹底，控盤比較到位

地量

望之星、早晨之星），漲幅－0.50％，週轉率0.72％，成交極其萎縮，再次出現地量。此時，主力機構橫盤震盪洗盤已4個多月，洗盤較徹底，控盤較到位，後市股價上漲機率較高。

　　圖1-9是鄭州煤電2020年11月11日收盤時的K線走勢圖，可以看出該股11月2日的成交量確實達到地量水準。

　　11月3日，該股開低，收出一根大陽線，突破前高，漲幅7.00％，成交量較前一交易日放大3倍多，週轉率2.67％。當日股價向上突破5日、10日、20日、30日、60日、90日、120日和250日均線（一陽穿8線），形成蛟龍出海形態。

　　此時均線（除250日均線外）呈現多頭排列，MACD、KDJ等技術指標走強，股價強勢特徵非常明顯。**投資者可以在當日或次日進場，逢低買進籌碼、持股待漲。**

　　到了11月11日，鄭州煤電以平盤開出，收出一根大陽線（漲幅

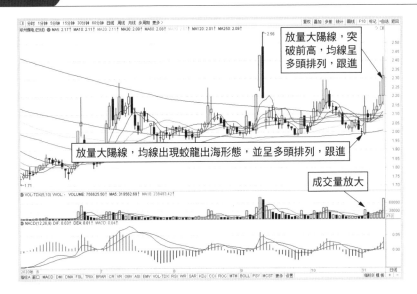

圖1-9 鄭州煤電（600121）2020 年 11 月 11 日的 K 線走勢圖

5.00％），突破前高，成交量較前一交易日放大2倍多。此時短中長期均線呈現多頭排列，MACD、KDJ等技術指標持續強勢，股價強勢特徵非常明顯，後市快速上漲機率高。**投資者可以在當日或次日進場，逢低買進籌碼、持股待漲。**

3. 突然展開挖坑行情

個股經過長期下跌止穩後，展開橫盤震盪洗盤走勢，主力機構根據自己的控盤和成本情況，認為應該進一步洗盤吸籌，降低籌碼成本，於是在橫盤震盪洗盤末期，突然展開挖坑（洗盤）行情，打壓股價，繼續收集籌碼。

之後，股價跌至坑底時出現地量。面對這種情況，投資者可以當天逢低分批買進籌碼，也可以在出現明確上漲訊號後，再逢低買進籌碼、持股待漲。

圖1-10 步步高（002251）2022 年 3 月 16 日的 K 線走勢圖

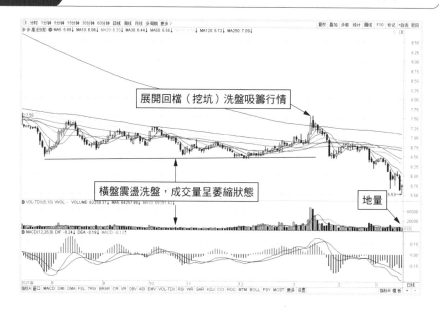

◎步步高（002251）

　　圖1-10是該股2022年3月16日收盤時的K線走勢圖。該股從前期相對高位，2020年7月24日最高價15.50元，一路震盪下跌，至2021年7月28日最低價6.46元止穩，下跌時間長且跌幅大，當日週轉率0.57％，此時成交極其冷清，量能極其萎縮。

　　隨後，主力機構展開橫盤震盪洗盤吸籌行情，清洗獲利盤和套牢盤。這段期間，成交量大致呈地量級萎縮狀態，且持續性強。

　　2022年1月14日，該股開高，股價衝高回落，主力展開回檔（挖坑）洗盤行情，打壓股價，進一步洗盤吸籌，期間成交量呈持續萎縮狀態和地量水準。

　　3月16日，步步高開高，收出一根長下影線錘頭陽K線（底部錘頭線又稱為變盤線或轉勢線），當日股價最低探至5.53元，漲幅2.13％，週轉率0.72％，成交萎縮，持續地量，地價出現。此時，主力機構橫盤

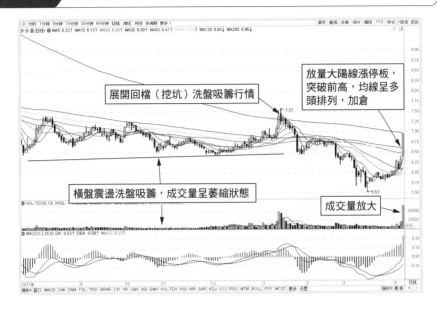

圖1-11　步步高（002251）2022 年 4 月 11 日的 K 線走勢圖

展開回檔（挖坑）洗盤吸籌行情

放量大陽線漲停板，突破前高，均線呈多頭排列，加倉

橫盤震盪洗盤吸籌，成交量呈萎縮狀態

成交量放大

震盪洗盤吸籌已達7個多月，洗盤比較徹底，控盤比較到位，後市股價上漲機率較高。

圖1-11是步步高2022年4月11日收盤時的K線走勢圖，可以看出該股3月16日的成交量達到地量水準，並同步出現地價。隨後，股價呈現穩步上漲走勢，K線呈紅多綠少、紅肥綠瘦的態勢，成交量逐漸放大。

4月11日，步步高開高，收出一個大陽線漲停板，突破前高，成交量較前一交易日放大3倍多，而且週轉率達7.51％，形成大陽線漲停K線形態。

這時候，均線（除了120日和250日均線之外）呈現多頭排列，MACD、KDJ等技術指標走強，股價強勢特徵確立，後市上漲機率非常高。**投資者可以在當日搶漲停板，或是在次日尋機加倉買進籌碼，持股待漲。**

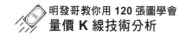
$ 股價拉升前的整理階段

在股價拉升前的整理階段，出現間斷性地量。主力機構在拉升之前，千方百計採取震盪、對倒、挖坑、整理等操盤手法反覆洗盤，恐嚇意志不堅定的人，減輕後市拉升壓力。

間斷性地量的出現，是主力機構透過不斷對倒的手法製造成交量而形成，目的仍然是震倉洗盤，清洗獲利籌碼。間斷性地量多次出現後，股價已經跌無可跌，意味主力機構籌碼鎖定較好，控盤較到位，洗盤結束，拉升行情即將開啟。投資者如果在間斷性地量出現的末期買進籌碼，就能持股待漲，坐等獲利。

◎博暉創新（300318）

圖1-12是該股2021年7月27日收盤時的K線走勢圖，可以看出個股處於大幅下跌後的強勢橫盤整理洗盤中。股價從前期相對高位，2020年10月21日最高價23.80元，一路震盪下跌，至2021年7月8日最低價7.03元止穩，下跌時間不長，但跌幅大。當日成交量較前一交易日萎縮，週轉率1.29％，量能萎縮到地量狀態，隨後主力機構展開強勢橫盤整理洗盤吸籌行情。

7月21日，博暉創新跳空開高，股價衝高回落，收出一根長上影線大陽線（漲幅7.32％），再次展開回檔（挖坑）洗盤行情，主力機構打壓股價，清洗意志不堅定者來收集籌碼，而成交量呈逐步萎縮狀態。

7月27日，博暉創新以平盤開出，然後收出一顆陰十字星，漲幅－0.84％，週轉率0.99％，再次出現地量，同步出現地價。至此，間斷性地量已經多次出現，股價跌無可跌，意味主力機構籌碼鎖定較好，控盤較到位，震倉洗盤結束，拉升行情即將開啟。

圖1-13是博暉創新2021年7月28日收盤時的K線走勢圖，可以看出該股7月27日的成交量確實達到間斷性地量的水準。7月28日，博暉創新以平盤開出，收出一個大陽線漲停板（收盤漲幅19.94％），突破前期高點和震盪整理平台，一陽吞5線（吞沒之前的5根陰陽K線），成交量

圖1-12　博暉創新（300318）2021 年 7 月 27 日的 K 線走勢圖

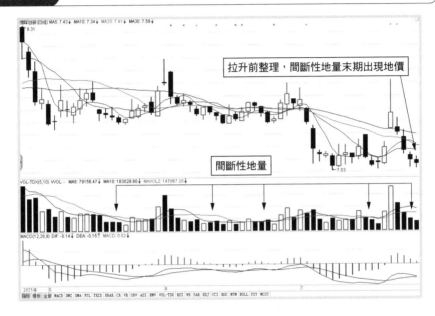

拉升前整理，間斷性地量末期出現地價

間斷性地量

圖1-13　博暉創新（300318）2021 年 7 月 28 日的 K 線走勢圖

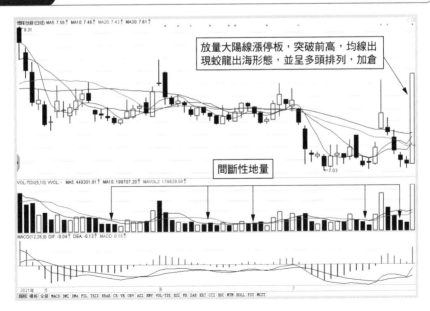

放量大陽線漲停板，突破前高，均線出
現蛟龍出海形態，並呈多頭排列，加倉

間斷性地量

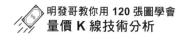
較前一交易日放大近6倍，形成大陽線漲停K線形態。

當日，股價向上突破5日、10日、20日、30日、60日、90和120日均線（一陽穿7線），形成蛟龍出海形態。此時均線（除了120日均線之外）呈多頭排列，MACD、KDJ等技術指標走強，股價強勢特徵確立，後市上漲的機率非常高。面對這種情況，**投資者可以在當日搶漲停板，或是在次日積極加倉買進籌碼。**

除了上述三種情況之外，在大盤行情冷清時常出現地量，這是普遍現象，不再探討。地量還經常出現在一字漲停板或T字漲停板當日，而且強勢股放量上漲後的回檔洗盤，也常出現地量。

1-3 在溫和放量之前，成交量大多持續低迷

溫和放量，是指個股成交量逐漸緩慢放大的現象，大多出現在個股下跌至底部區域止穩後，以及橫盤震盪洗盤調整行情後。溫和放量前，成交量大多呈現持續低迷的狀態。隨著成交量的逐漸放大，股價同步向上運行，盤面呈現量價齊升的做多態勢。

一般情況下（大盤井噴、高歌猛進時除外），個股高位下跌至底部區域止穩後溫和放量，大多是主力機構試探性的建倉行為所引起，股價上漲幅度不會太大，行情持續時間不會太長，該股很快就會展開回檔洗盤行情。

個股短期橫盤震盪洗盤調整行情後的溫和放量，走勢多有反覆。只有經過長時間橫盤震盪（或挖坑）洗盤行情後的溫和放量，才可能開啟快速拉升行情。所以，個股不同位置的溫和放量，所對應的股價走勢也不盡相同。

下跌初期出現的溫和放量、下跌途中出現的溫和放量，一般是主力機構利用下跌反彈行情繼續出貨，投資者應儘量迴避，這裡不予探討。我們主要分析三種情況：個股下跌至底部區域止穩時、個股橫盤震盪洗盤調整後、個股上漲回檔洗盤後出現的溫和放量與股價關係。

💲 個股下跌至底部止穩時

當個股下跌至底部區域止穩時，溫和放量與股價同步上漲。個股下跌末期止穩時，擁有龐大資金的主力機構開始分批建倉，但是有的投資

者受不了長期套牢的折磨，而繼續賣出籌碼，正所謂「割肉割到地板上，便宜了主力機構」。

個股止穩時，成交低迷，量能萎縮，主力機構開始慢慢吸籌推升股價，其他投資者也趁機買進籌碼，成交量溫和放大，股價緩慢上漲。

此時的量增價升是主力機構的吸籌建倉行為所引起，股價上漲幅度不會太大，行情持續時間也不會太長，回檔洗盤行情即將展開。投資者一定要把握操作節奏，可以節省時間成本，提高資金使用效率。

◎新致軟體（688590）

圖1-14是該股2021年2月26日收盤時的K線走勢圖，可以看出該股處於高位下跌後的反彈行情中。股價從上市日（2020年12月7日）最高價33.60元，一路震盪下跌，至2021年2月8日最低價14.98元止穩，當日週轉率1.87％，此時成交冷清，量能相當萎縮。主力機構開始慢慢吸籌並推升股價，其他投資者趁機進場買進籌碼，成交量溫和放大，股價緩慢上漲，盤面呈現量價齊升的態勢。

圖1-15是新致軟體2021年7月8日收盤時的K線走勢圖，可以看出該股從2月8日最低價14.98元止穩後，主力機構開始慢慢吸籌推升股價，使其成交量溫和放大，股價緩慢上漲。

3月1日，新致軟體開高，股價衝高至當日最高價17.41元回落，主力機構展開橫盤震盪（挖坑）洗盤吸籌行情。從盤面上可以看出，該股溫和放量、股價同步上漲時間不長，漲幅也不大，應該是主力機構試探性的建倉行為。

7月8日，新致軟體股開高，收出一個大陽線漲停板，突破前期高點和震盪整理平台，成交量較前一交易日放大近7倍多，形成大陽線漲停K線形態。

當日股價向上突破5日、10日、20日和30日均線（一陽穿4線），60日、90日均線在股價下方向上移動，形成蛟龍出海形態。此時均線呈多頭排列，MACD、KDJ等技術指標走強，股價的強勢特徵確立，後市上漲的機率非常高。面對這種情況，**投資者可以在當日搶漲停板，或是在**

圖1-14　新致軟體（688590）2021 年 2 月 26 日的 K 線走勢圖

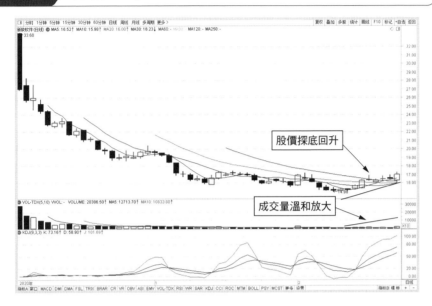

股價探底回升

成交量溫和放大

圖1-15　新致軟體（688590）2021 年 7 月 8 日的 K 線走勢圖

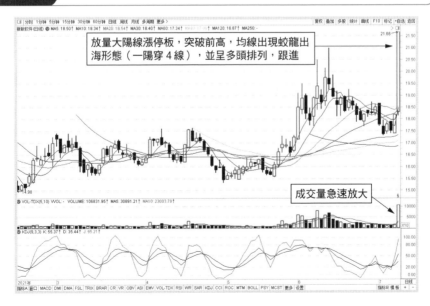

放量大陽線漲停板，突破前高，均線出現蛟龍出
海形態（一陽穿 4 線），並呈多頭排列，跟進

成交量急速放大

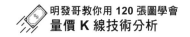

次日積極逢低買進籌碼。

$ 個股橫盤震盪洗盤調整後

在個股橫盤震盪洗盤調整後，溫和放量與股價同步上漲。一般情況下，股價從高位下跌回穩後，主力機構會立即推升股價，收集籌碼，股價在成交量溫和放大的助推下，緩慢上升。

但股價短期上升後，主力機構就會展開回檔洗盤行情，然後繼續橫盤震盪（挖坑）洗盤調整，某日出現溫和放量，股價同步上漲。以下分兩種情況探討分析。

1. 短期橫盤震盪洗盤調整後

經過短期橫盤震盪洗盤調整後，溫和放量與股價同步上漲。由於橫盤震盪洗盤調整時間較短，主力機構吸籌不夠充分，控盤不夠到位，溫和放量後的股價上漲力度和幅度都不會太大，後市大致步入間斷性溫和放量震盪整理（挖坑）的狀態，只有反覆震盪（挖坑）洗盤後，主力機構才會展開拉升行情。

◎ *ST 東洋（002086）

圖1-16是該股2021年6月25日收盤時的K線走勢圖，可以看出該股處於大幅下跌、初期上漲後的強勢橫盤整理洗盤狀態。

該股的股價從前期相對高位，2020年11月16日最高價2.44元，一路震盪下跌，至2021年2月9日最低價1.48元止穩，當日週轉率0.90％，成交較冷清，量能相當萎縮。隨後主力機構開始慢慢收集籌碼，推升股價，成交量溫和放大，股價緩慢上漲。

4月14日，東洋開高，股價衝高至當日最高價2.08元回落，主力機構再次展開回檔洗盤，以及橫盤震盪洗盤調整行情。

6月25日，東洋開低，股價衝高至當日最高價1.91元回落，收出一根螺旋槳陽K線，意味著個股行情即將再次展開橫盤震盪洗盤調整。面

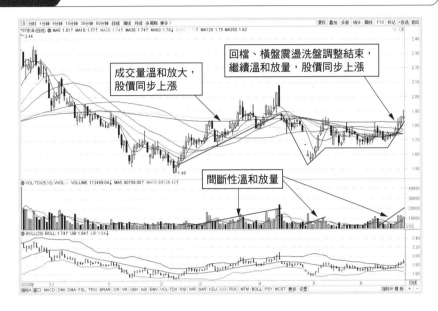

圖1-16　*ST 東洋（002086）2021 年 6 月 25 日的 K 線走勢圖

對這種情況，**投資者不要輕易進場搶反彈，耐心等待橫盤震盪洗盤調整行情結束，才是進場時機。**

下頁圖1-17是東洋2021年12月1日收盤時的K線走勢圖。該股自6月25日收出一根螺旋樂陽K線後，再一次展開橫盤震盪洗盤調整走勢，成交量呈間斷性溫和放量狀態。11月25日、26日、29日和30日，該股連續4天收紅，成交量呈溫和放大狀態。

12月1日，東洋橫盤震盪（挖坑）洗盤調整走勢半年多後，當日大幅跳空開高（向上跳空2.69％開盤），因為成交量較前一交易日萎縮，收出一個大陽線漲停板，突破前高，留下向上突破缺口，形成大陽線漲停K線形態。

此時，均線（除250日均線外）呈現多頭排列，MACD、KDJ等技術指標已經走強，股價強勢特徵已經確立，後市股價快速上漲的機率非常高。**投資者可以在當日搶漲停板，或是在次日積極加倉買進籌碼。**

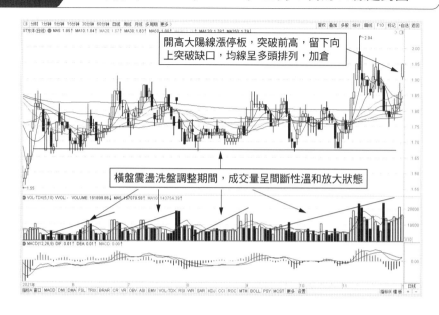

圖1-17　　*ST 東洋（002086）2021 年 12 月 1 日的 K 線走勢圖

（圖中標註）開高大陽線漲停板，突破前高，留下向上突破缺口，均線呈多頭排列，加倉

（圖中標註）橫盤震盪洗盤調整期間，成交量呈間斷性溫和放大狀態

2. 長期橫盤震盪洗盤調整後

　　經過長期橫盤震盪洗盤調整後，溫和放量與股價同步上漲。由於橫盤震盪洗盤調整時間長，主力機構籌碼鎖定性好，控盤程度高，因此最後一次的溫和放量，就是主力機構啟動拉升行情的導火線。

◎恆信東方（300081）

　　圖1-18是該股2021年11月10日收盤時的K線走勢圖，可以看出個股處於大幅下跌後的長期橫盤震盪（挖坑）洗盤調整中。股價從前期相對高位，2020年2月27日最高價15.50元，一路震盪下跌，至2020年4月28日最低價8.07元止穩。然後，該股展開大幅橫盤震盪洗盤調整行情，主力機構低買高賣賺取價差，獲利與洗盤吸籌並舉。

　　11月10日，橫盤震盪挖坑洗盤調整走勢長達一年半後（期間成交量呈間斷性溫和放大狀態，過程中主力機構多次挖坑恐嚇投資者交出手中

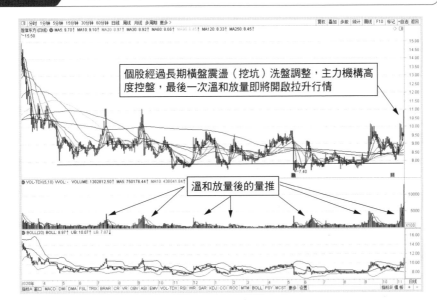

圖1-18　恆信東方（300081）2021 年 11 月 10 日的 K 線走勢圖

個股經過長期橫盤震盪（挖坑）洗盤調整，主力機構高度控盤，最後一次溫和放量即將開啟拉升行情

溫和放量後的量堆

籌碼，主力機構吸籌較充分，控盤較到位），恆信東方在前期溫和放量的基礎上收出一根大陽線，突破前高和橫盤震盪（挖坑）洗盤調整平台，成交量較前一交易日放大2倍多，收盤漲幅8.42％。

此時均線呈多頭排列，MACD、KDJ等技術指標走強，股價強勢特徵確立，後市上漲機率非常高。面對這種情況，**投資者可以在當日或次日積極買進籌碼、持股待漲。**

值得投資者注意的是，如果操作這種長期反覆震盪洗盤調整，且震盪幅度較大的個股，最好在做完第一波溫和放量、股價同步上漲行情後就賣出，期間持續追蹤觀察，等橫盤震盪（挖坑）洗盤調整行情結束，股價出現明顯上漲訊號後，再擇機進場買進籌碼。

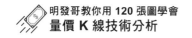

💲 個股上漲回檔洗盤後

在個股上漲回檔洗盤後，溫和放量與股價同步上漲。股價從高位下跌回穩後，主力機構會立即推升股價，吸籌建倉，股價在成交量溫和放大的推動下，緩慢上升。

當股價上漲到一定位置，例如：前期下跌走勢時的密集成交區，或向下跳空開低缺口等壓力位附近，主力機構通常會展開調整洗盤，以消化前期的獲利盤和套牢盤，拉高市場成本，減少後期拉升壓力。

這種調整洗盤是主力機構有計劃、有步驟的縮量調整。縮量調整後，成交量溫和放大，推動股價再次上漲，這時投資者可以積極買進籌碼、持股待漲。

◎龍磁科技（300835）

圖1-19是該股2021年8月30日收盤時的K線走勢圖。該股是一檔2020年5月25日上市的次新股，上市後最高價曾漲到6月10日的90.39元，然後一路震盪下跌，至2021年5月25日的最低價38.66元止穩，下跌時間較長且跌幅大。

在2021年5月25日該股股價止穩後，主力機構向上推升股價、收集籌碼，成交量呈現間斷性溫和放大狀態，股價呈現緩慢盤升的態勢。

8月30日，龍磁科技開低，股價衝高至當日最高價54.96元回落，收出一根螺旋槳陰K線（高位或相對高位的螺旋槳K線又稱為變盤線或轉勢線），意味個股行情即將展開調整。

面對這種情況，**前期進場的投資者可以先賣出手中籌碼，繼續追蹤觀察，待股價調整到位後，再將籌碼買回。**

圖1-20是龍磁科技2021年10月27日收盤時的K線走勢圖，可以看出該股8月30日收出一根螺旋槳陰K線後，主力機構展開橫盤震盪調整和下跌（挖坑）洗盤行情。下跌（挖坑）洗盤行情至9月29日最低價42.18元止穩，隨後主力機構慢慢收集籌碼、推升股價，成交量溫和放大。

到了10月27日，龍磁科技跳空開高，收出一根中陽線（收盤漲幅

圖1-19 龍磁科技（300835）2021 年 8 月 30 日的 K 線走勢圖

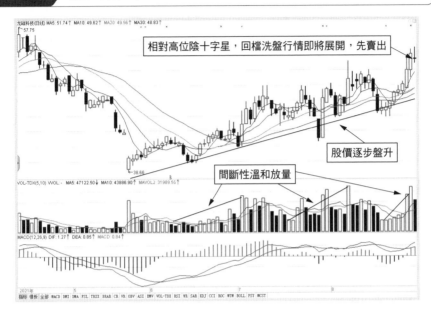

相對高位陰十字星，回檔洗盤行情即將展開，先賣出

股價逐步盤升

間斷性溫和放量

圖1-20 龍磁科技（300835）2021 年 10 月 27 日的 K 線走勢圖

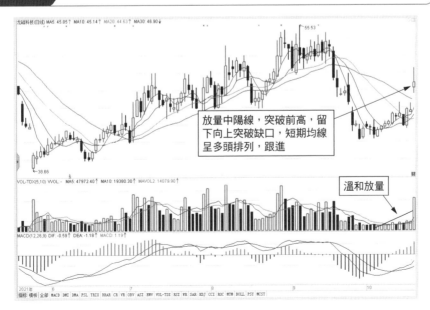

放量中陽線，突破前高，留下向上突破缺口，短期均線呈多頭排列，跟進

溫和放量

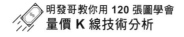
7.15％），突破前高，留下向上突破缺口，成交量較前一交易日放大近
4倍。此時短期均線呈多頭排列，MACD、KDJ等技術指標開始走強，
股價強勢特徵顯現，後市上漲機率非常高。**投資者可以在當天收盤前買
進籌碼，也可以在次日積極買進籌碼、持股待漲。**

1-4 什麼叫巨量？ 成交量比前一日放大 2 倍以上

　　巨量也稱天量，是指個股成交量突然巨量放大的現象，也就是個股某個交易日的成交量較一交易日明顯放大。由於個股的實際流通盤各不相同，因此成交量較前期放大多少才算是巨量，並沒有統一標準。一般來說，成交量較前一交易日大2倍以上，才會被稱為巨量。

　　個股放巨量不代表股價一定會上漲，也可能是下跌，投資者要以股價在K線走勢中的位置判斷。在個股K線走勢圖下的Volume成交量顯示框裡，如果成交量量柱一直比較小且平整，突然某一交易日一根大量柱豎起，比前期的量柱成倍增高，就是巨量。

　　一般情況下（大盤井噴、高歌猛進時除外），個股股價高位下跌至底部區域、股價止跌回升，或震盪整理若干交易日後的第一次放巨量，大多是主力機構的試盤行為，試盤後通常會再次展開回檔洗盤行情。但這種情況並非絕對，也有從底部區域直接放巨量上漲的案例。

　　個股底部逐漸抬高，股價呈現緩慢上升趨勢，且衝高回檔（挖坑）洗盤行情結束後，某個交易日突然放出巨量，且股價明顯上漲，基本上能確定主力機構將展開上漲行情。這時，投資者可以分批買進籌碼。

　　不過，這種情況並非絕對，有的個股震盪調整時間很長，出現多次間斷性巨量後，主力機構才啟動上漲（拉升）行情。因為主力機構操盤手法靈活多變、心狠手辣，所以投資者最好等個股走勢出現明顯上漲訊號後，再買進籌碼。

　　出現在個股不同位置的巨量，對應的股價走勢也不同。高位出現的巨量和下跌途中出現的巨量，一般是主力機構在出貨，投資者在實戰操

作中應當儘量迴避，這裡不多探討。我們主要分析兩種情況：個股下跌
至底部區域後、個股長期橫盤震盪（挖坑）洗盤調整行情結束後出現的
巨量與股價關係。

$ 個股下跌至底部區域後

個股下跌至底部區域後放巨量，股價同步上漲。個股在底部區域突
然放巨量拉升，通常是主力機構的試盤行為，股價上漲到一定幅度後，
該股會展開回檔洗盤行情。但這並非絕對，因為一般投資者很難摸清主
力機構的心思。

◎宣亞國際（300612）

圖1-21是該股2021年12月15日收盤時的K線走勢圖，可以看出該股
處於高位下跌後的上升趨勢中。股價從前期相對高位，2020年8月31日
最高價50.66元，一路震盪下跌，至2021年10月28日最低價12.51元止
穩，下跌時間長且跌幅大。股價止穩後，主力機構展開強勢橫盤整理洗
盤吸籌行情。K線走勢呈小陰小陽、紅多綠少、紅肥綠瘦的態勢。

12月13日、14日，宣亞國際連續漲停開盤，收出2個一字漲停板，
突破平台和前高，留下向上突破缺口，形成一字漲停K線形態，股價強
勢特徵特別明顯。面對這種情況，**投資者可以在一字漲停當日搶漲停
板，或是在次日集合競價時，直接以漲停價掛買單排隊等候買進。**

12月15日，宣亞國際向上大幅跳空14.71％開盤，收出一個小陽線
漲停板，突破前高，留下向上突破缺口，形成向上突破缺口和小陽線漲
停K線形態，成交量較前一交易日放大近8倍，週轉率為15.66％，屬於
巨量漲停。

此時均線（除250日均線外）呈多頭排列，MACD、KDJ等技術指
標走強，股價的強勢特徵十分明顯，後市持續快速上漲的機率非常高。
**投資者可以在當天搶漲停板，或是在次日尋機加倉買進籌碼，待股價出
現明顯見頂訊號時再賣出。**

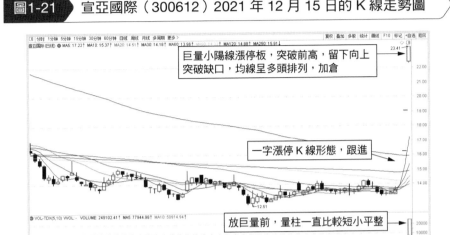

圖1-21　宣亞國際（300612）2021 年 12 月 15 日的 K 線走勢圖

巨量小陽線漲停板，突破前高，留下向上
突破缺口，均線呈多頭排列，加倉

一字漲停 K 線形態，跟進

放巨量前，量柱一直較短小平整

💲 個股長期橫盤震盪（挖坑）洗盤調整後

　　個股長期橫盤震盪（挖坑）洗盤調整後放巨量，股價同步上漲。主力機構在展開橫盤震盪（挖坑）洗盤調整行情期間，已多次放過巨量進行試盤，加上橫盤震盪（挖坑）洗盤調整時間長，主力機構籌碼鎖定性較好，控盤程度較高，最後一次放巨量就意味著啟動拉升行情，進場時機以出現明顯進場訊號為準。

◎沐邦高科（603398）

　　下頁圖1-22是該股2021年10月19日收盤時的K線走勢圖，可以看出個股處於高位下跌後的上升趨勢中。股價從前期相對高位，2016年11月29日最高價49.69元，一路震盪下跌，至2021年2月9日最低價7.32元止穩，下跌時間長達4年多，且跌幅大。當日股價止穩後，主力機構快速

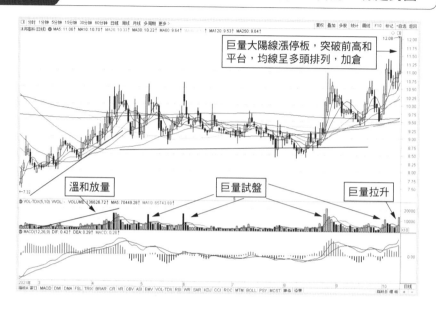

圖1-22 沐邦高科（603398）2021 年 10 月 19 日的 K 線走勢圖

推升股價、收集籌碼，成交量溫和放大。

4月19日，沐邦高科開低，股價衝高至當日最高價10.55元回落，收出一根螺旋槳陽K線，主力機構展開橫盤震盪（挖坑）洗盤調整行情，期間多次放巨量試盤，成交量呈現間斷性放大狀態，過程中主力機構多次挖坑，恐嚇誘騙投資者交出手中籌碼。

10月19日，沐邦高科以平盤開出，收出一個大陽線漲停板，突破前高和平台，形成大陽線漲停K線形態，成交量較前一交易日放大2倍多，屬於巨量漲停。此時均線呈多頭排列，MACD、KDJ等技術指標走強，股價強勢特徵十分明顯，後市持續上漲的機率非常高。

面對這種情況，**投資者可以在當日搶漲停板，或是在次日進場加倉買進籌碼，待股價出現明顯見頂訊號時再賣出。**

1-5　散戶別踩雷！這樣避開主力 5 種量價陷阱

在實戰操盤中，主力機構常常透過對倒、分倉等手法，製造量價關係陷阱，唬弄、恐嚇、欺騙投資者，以實現出貨的操盤目的。一般投資者唯一能做的，就是結合股價在個股K線走勢中的位置和其他技術指標，綜合分析判斷，謹慎做出買賣決策。從實戰操作的角度來看，我們經常會遇到五種量價關係陷阱，包括量增價漲、量縮止跌、逆勢放量上漲、利多量增價漲及利空量縮價跌的陷阱。

$ 量增價漲的陷阱

主力機構將股價推升到目標價位後，開始慢慢出貨。由於股價偏高，買盤逐漸減少，成交變得冷清，因此主力機構透過對倒放量拉升，製造量增價漲的盤面買盤強勁勢頭，引誘跟風盤進場接盤，達到主力機構出貨的操盤目的。

◎東旭藍天（000040）

下頁圖1-23是該股2022年8月24日收盤時的K線走勢圖，可以看出個股處於上升趨勢中。股價從前期相對高位，2021年9月23日最高價4.35元，一路震盪下跌，至2022年4月27日最低價2.54元止穩，雖然下跌時間不是很長，但是跌幅較大。股價止穩後，主力機構展開震盪盤升行情，洗盤吸籌並舉，成交量逐步放大。8月9日開始，主力機構快速向上拉升股價。

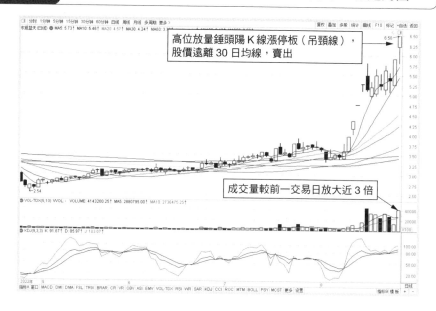

圖1-23 東旭藍天（000040）2022 年 8 月 24 日的 K 線走勢圖

從東旭藍天的盤面可以看出，8月16日開始，成交量持續放大，但股價上漲十分緩慢。實際上，此時主力機構採取對敲放量的手法，引誘跟風盤進場接盤，並開始大量出貨，這就是主力機構的量增價漲陷阱。

8月24日，東旭藍天向上大幅跳空5.25％開高，收出一個長下影線錘頭陽K線漲停板（高位或相對高位的錘頭線又稱為上吊線或吊頸線），成交量較前一交易日放大近3倍。

這種高位量增價漲的漲停板，同樣是主力機構透過對倒放量拉升，製造量增價漲盤面買盤強勁的假象，引誘跟風盤進場接盤，以實現出貨目的的虛假量增價漲關係。

此時，股價遠離30日均線且漲幅較大，KDJ等部分技術指標有走弱跡象。面對這種情況，**手中有籌碼的投資者應該在當天收盤前賣出手中籌碼，如當日沒有賣出，一定要在次日逢高賣出。**

圖1-24是東旭藍天2022年8月24日收盤時的分時走勢圖，可以看出

圖1-24　東旭藍天（000040）2022 年 8 月 24 日的分時走勢圖

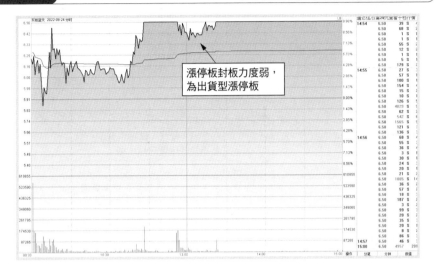

漲停板封板力度弱，
為出貨型漲停板

當日該股大幅開高，股價震盪回落，成交量放大；股價跌破前一交易日收盤價後，主力機構向上拉升股價，成交量同步放大，然後展開震盪整理走勢，成交量萎縮。10：56漲停板，11：22漲停板被大賣單砸開，成交量大幅放大，13：22封回漲停板至收盤。

從盤面來看，開盤後股價回落，股價跌破前一交易日收盤價後快速拉回、封上漲停板、漲停板打開後再封回，期間放出的成交量，基本上是主力機構對倒放量做的盤。做盤的目的明顯是主力機構利用開高、盤中拉高、震盪整理、漲停及漲停板打開再封回，來吸引市場注意，引誘跟風盤進場，並進行出貨。

💲 量縮止跌的陷阱

一般情況下，主力機構在對目標股票展開快速拉升的後期，就會慢慢出貨。當股價在高位震盪整理構築頭部區域時，股價距離下跌調整已經不遠。股價脫離頭部區域轉向下跌後，成交量可能呈現萎縮狀態。成

図1-25　金浦鈦業（000545）2022 年 9 月 1 日的 K 線走勢圖

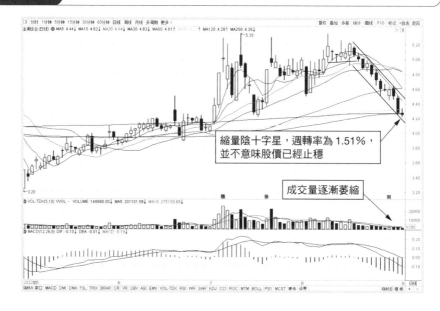

縮量陰十字星，週轉率為 1.51%，
並不意味股價已經止穩

成交量逐漸萎縮

交量的萎縮並不代表股價縮量止跌，反而預示更大的下跌風險，是加速
下跌或持續下跌的訊號。

對於量縮止跌，投資者不能一律認為縮量下跌就代表空方能量不
足，或認為縮量下跌是主力機構在股價下跌時沒有出貨。應該就具體問
題具體分析，具體問題，就是目標股價在K線走勢中所處的具體位置。
股價經過長期大幅下跌後逐漸縮量，是即將止穩的訊號；股價在高位轉
勢下跌縮量，是繼續下跌或持續陰跌的訊號。

◎金浦鈦業（000545）

圖1-25是該股2022年9月1日收盤時的K線走勢圖，可以看出個股正
處於下跌趨勢中。股價從前期相對高位，2022年4月1日最高價5.70元，
急速下跌，至4月27日最低價3.20元止穩，下跌時間不長，但跌幅較
大。股價止穩後，主力機構展開震盪盤升行情，成交量逐步放大。

　　7月21日，金浦鈦業開高，股價衝高至當日最高價5.30元回落，收出一根假陰真陽倒錘頭K線，成交量較前一交易日大幅放大，主力機構開始展開高位震盪整理出貨，構築頭部平台區域。

　　8月17日，金浦鈦業開低回落，收出一根小陰線，股價展開下跌調整行情，成交量呈逐漸萎縮狀態。

　　9月1日，金浦鈦業以平盤開出，然後股價衝高回落，收出一顆陰十字星，成交量較前一交易日大幅萎縮，週轉率只有1.51％，但這不意味著股價止穩，因為股價正處於下跌通道中，跌勢已經展開，**投資者切勿盲目跟進**。

💲 逆勢放量上漲的陷阱

　　逆勢放量上漲是指當大盤下跌、多數股票翻綠時，有的個股卻逆勢飄紅，放量上漲。此時一些投資者會以為，要不是該股主力機構實力雄厚，要不是個股有潛在的利多消息，或者有新的主力大資金進場，於是不顧大勢不好，匆忙進場買進籌碼。卻不知這是主力機構強撐的逆勢護盤，目的是吸引市場注意，趁機派發手中籌碼。

◎通化金馬（000766）

　　下頁圖1-26是該股2022年7月11日收盤時的K線走勢圖，可以看出此時個股處於震盪盤升趨勢中。股價從前期相對高位，2022年4月1日最高價5.92元，震盪下跌至4月27日最低價3.88元止穩，下跌時間不長，但跌幅較大。股價止穩後，主力機構展開震盪盤升行情，成交量呈間斷性放大狀態。

　　7月8日、11日，通化金馬連續拉出2根陽線（8日為大陽線，11日為中陽線），而同期大盤連續下跌，個股屬於逆勢放量上漲。

　　下頁圖1-27是通化金馬2022年8月2日收盤時的K線走勢圖，可以看出該股股價逆勢放量上漲後，12日股價開始展開回檔行情，逆勢放量上漲也就2天的短暫行情。18日、19日、20日，該股展開3天小幅反彈，之

圖1-26 通化金馬（000766）2022 年 7 月 11 日的 K 線走勢圖

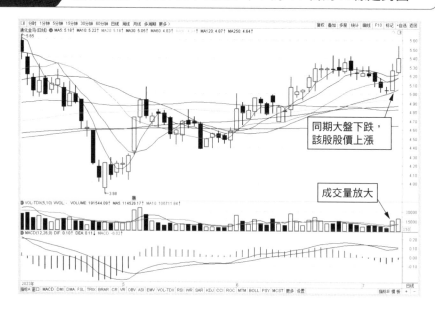

同期大盤下跌，
該股股價上漲

成交量放大

圖1-27 通化金馬（000766）2022 年 8 月 2 日的 K 線走勢圖

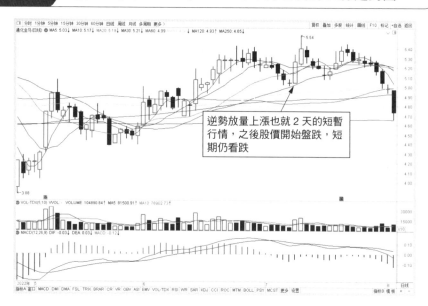

逆勢放量上漲也就 2 天的短暫
行情，之後股價開始盤跌，短
期仍看跌

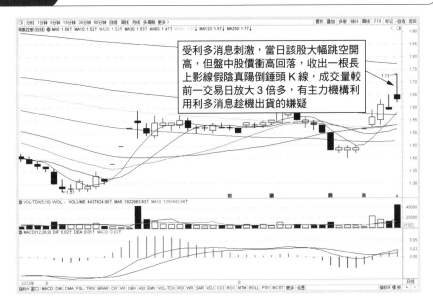

圖1-28　海航控股（600221）2022 年 9 月 30 日的 K 線走勢圖

> 受利多消息刺激，當日該股大幅跳空開高，但盤中股價衝高回落，收出一根長上影線假陰真陽倒錘頭 K 線，成交量較前一交易日放大 3 倍多，有主力機構利用利多消息趁機出貨的嫌疑

後股價步入下跌行情中，後市短期仍看跌。

$ 利多量增價漲的陷阱

在個股重大利多消息公佈前，先知先覺的主力機構和其他投資者已開始提前買進籌碼建倉，等到利多消息公佈兌現時，股價已有相當幅度的上漲。此時，受到利多消息刺激的投資者看好該股後市行情，紛紛進場買進籌碼，而主力機構卻趁機出貨，成交量放大。

◎海航控股（600221）

圖1-28是該股2022年9月30日收盤時的K線走勢圖，可以看出個股正處於高位下跌後的反彈趨勢中。股價從前期相對高位，2021年9月10日最高價2.59元，震盪下跌至2022年8月3日最低價1.27元止穩，下跌時

間較長，且跌幅較大。股價止穩後，主力機構快速推升股價，展開橫盤震盪整理行情。

9月30日，受到利多消息的刺激，海航控股向上大幅跳空3.77％開盤，但盤中股價衝高回落，收出一根長上影線假陰真陽倒錘頭K線，收盤漲幅2.52％，成交量較前一交易日放大3倍多，有主力機構利用利多消息趁機出貨的嫌疑，股價短期內仍將持續橫盤震盪整理行情。

💲 利空量縮價跌的陷阱

借利空大幅殺跌，在低位撿便宜籌碼，是主力機構慣用的操盤伎倆。舉例來說，主力機構坐莊某檔個股，在底部建倉後，就會利用利空消息，採取對倒或對敲的操盤手法打壓股價，恐嚇和誘騙投資者賣出手中籌碼。

另一個例子，在大盤和個股普跌的情況下，主力機構往往會雪上加霜，故意放大利空效應，採取對倒或對敲的操盤手法打壓股價，恐嚇和誘騙投資者賣出手中籌碼。

在個股橫盤震盪整理階段的末期，主力機構往往也會利用利空消息，故意挖坑打壓股價，製造股價破位下行恐慌，誘騙投資者賣出手中籌碼。

NOTE

/　　/　　/

第 2 章

築底末期的操作戰法：
主力吸籌建倉推升股價

築底是指大盤或個股構築底部的過程。大盤或個股經過大跌或階段性下跌後，成交變少，量能萎縮，此時投資者開始試探性吸籌建倉，底部慢慢形成。個股築底過程情況比較複雜，可能會因為突發情況，導致築底失敗。

強勢築底，一般是指主力機構在個股經過長期下跌，抵達底部後展開的吸籌建倉，並慢慢推升股價的過程。股諺云：「築底需三月，築頂只三天」，透過較長時間的反覆築底，個股底部慢慢抬高，各項技術指標逐漸走強。

受到主力機構資金面、政策面、市場面和個股基本面等各方因素的影響，加上各機構操盤手法的不同，目標股票在築底過程中的量價關係和走勢表現，也各有特色。

舉例來說：築底過程反覆震盪洗盤吸籌的多重底走勢，量價關係呈現量增價升、量縮價跌的間斷性量價特徵，但整體趨向量縮價平狀態。長期橫盤震盪洗盤吸籌至末期的挖坑走勢，期間會呈現量縮價平的特徵，表現為量縮價跌狀態。這些強勢築底量價關係的形成，預示個股走勢即將突破上行。

2-1 【溫和放量、底部逐漸抬高 ①】 股價持續上漲， 呈現積極做多訊號

溫和放量，底部逐漸抬高，是指成交量逐漸放大的同時，股價也同步上漲的一種量價配合關係。成交量溫和放大，必然推動個股走出底部，並逐步上行。

這種量增價漲的量價關係，在股價長期下跌至底部止跌回穩（又稱止穩）後出現，是主力機構進場吸籌建倉的明顯表現。由於個股下跌時間和跌幅的不同，以及主力機構操盤手法的不同，主力機構吸籌建倉的程度導致個股溫和放量，底部逐漸抬高後的走勢，也不盡相同。

溫和放量，底部逐漸抬高，在絕大多數情況下都預示該股即將上漲，但整個走勢會比較複雜。下跌時間較長、跌幅較深的個股，溫和放量，底部逐漸抬高後，若主力機構吸籌比較充分，隨著成交量的不斷放大，可能會走出一波不錯的反彈（上漲）行情。

有的個股溫和放量，底部逐漸抬高，可能是主力機構正在試探性建倉，或許會走出一波小幅上漲行情，但還會震盪回檔，並展開橫盤震盪洗盤吸籌行情。

有的個股溫和放量，底部逐漸抬高，可能是主力機構正在試盤，大勢好就繼續向上推升股價，大勢不好就馬上反手打壓股價，然後在更低的位置進一步收集籌碼，再現溫和放量，底部逐漸抬高的走勢。

對待這樣的個股，投資者應該抱持積極樂觀的態度，不管個股是止穩後的反彈或持續上漲，還是主力機構的試盤，都是能看到希望的回暖狀態，皆是一種積極、強勢的量價關係。可以將其作為尋找強勢牛股的重要參考，操作上可逢低先買進部分籌碼，按照短線思路來操作。

図2-1　雙鷺藥業（002038）2021 年 5 月 14 日的 K 線走勢圖

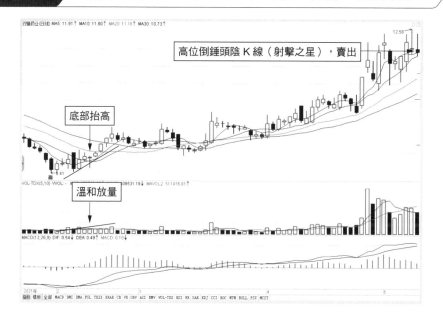

　　個股經過長期震盪下跌，止穩後溫和放量，底部逐漸抬高，明顯是主力機構進場的吸籌建倉行為，應視為積極做多訊號。如果成交量能持續放大，股價穩步上漲，說明有越來越多投資者進場，個股走勢大概開始量增價漲的良性上升趨勢，後市股價將會持續上漲。主力機構的操盤策略應該是邊拉邊洗邊吸，確保個股處於上升趨勢中，穩定散戶買進的做多信心。

◎雙鷺藥業（002038）

　　圖2-1是該股2021年5月14日收盤時的K線走勢圖，可以看出該股正處於高位下跌後的反彈趨勢。股價從前期相對高位，2020年7月15日最高價14.98元，一路震盪下跌，至2021年1月29日最低價8.41元止穩，下跌時間不長，但跌幅較大。

　　股價止穩後，主力機構開始吸籌推升股價，個股走勢呈溫和放量，

底部逐漸抬高的態勢。將股價推升到一定高度後，主力機構採取邊拉邊洗邊吸的操盤手法，讓個股整體走勢維持上升趨勢，穩定散戶買進的做多信心。

面對這種情況，**投資者可以在個股底部溫和放量時逢低跟進，先照短線思路操作，只要股價在盤升過程中不破30日均線，就先持有，出現明顯見頂訊號時再賣出。**

5月14日，雙鷺藥業開低，股價衝高回落，收出一根長上影線倒錘頭陰K線（高位倒錘頭K線又稱射擊之星或流星線），成交量較前一交易日明顯萎縮，加上前一交易日收出的長上影線倒錘頭假陽真陰K線，明顯是主力機構利用盤中拉高股價，吸引跟風盤進場並震盪出貨。此時MACD、KDJ等技術指標走弱，盤面弱勢特徵顯現。**投資者如果手中還有籌碼，次日要逢高賣出。**

◎天安新材（603725）

下頁圖2-2是該股2021年9月1日收盤時的K線走勢圖。該股從前期相對高位，2021年3月5日最高價9.97元，一路震盪下跌，至7月28日最低價6.47元止穩，下跌時間不長，但跌幅較大。股價止穩後，主力機構開始吸籌推升股價，該股走勢呈現溫和放量，底部逐漸抬高的態勢。

主力機構採取盤中小幅調整洗盤的手法，讓個股整體走勢維持上升趨勢，穩定散戶買進的做多信心。隨著成交量的持續溫和放大，股價穩步上升。**投資者可以在該股底部溫和放量時逢低跟進，出現明顯見頂訊號時賣出。**

9月1日，天安新材開高，股價衝高回落，收出一根烏雲蓋頂大陰線（常見的看跌反轉訊號），成交量較前一交易日明顯放大，當日股價跌破5日均線，且收在5日均線下方，代表主力機構利用開高、盤中衝高等手段吸引跟風盤進場，並毫無顧忌地出貨。此時MACD、KDJ等技術指標走弱，盤面弱勢特徵顯現。對此，**投資者如果手中還有籌碼，次日要逢高賣出。**

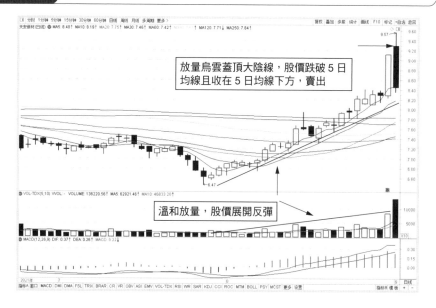

圖2-2 天安新材（603725）2021 年 9 月 1 日的 K 線走勢圖

放量烏雲蓋頂大陰線，股價跌破 5 日均線且收在 5 日均線下方，賣出

溫和放量，股價展開反彈

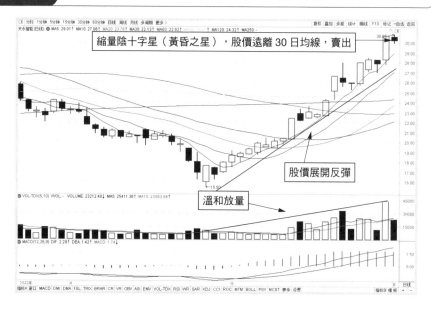

圖2-3 天永智能（603895）2022 年 6 月 1 日的 K 線走勢圖

縮量陰十字星（黃昏之星），股價遠離 30 日均線，賣出

股價展開反彈

溫和放量

◎天永智能（603895）

　　圖2-3是該股2022年6月1日收盤時的K線走勢圖。該股從前期相對高位，2022年2月23日最高價32.50元，一路下跌，至2022年4月27日最低價15.50元止穩，下跌時間不長，但跌幅大。股價止穩後，主力機構開始吸籌推升股價，個股走勢呈溫和放量，底部逐漸抬高的態勢。

　　主力機構採取盤中小幅調整洗盤的手法，讓個股整體走勢維持上升趨勢，穩定散戶買進的做多信心。隨著成交量的持續溫和放大，股價穩步上升。**投資者可以在個股底部溫和放量時逢低跟進，出現明顯見頂訊號時賣出。**

　　6月1日，天永智能開低，收出一顆陰十字星（高位或相對高位的十字星又稱黃昏之星），成交量較前一交易日萎縮。此時股價遠離30日均線且漲幅較大，KDJ等部分技術指標走弱，盤面弱勢特徵顯現。對此，**投資者如果手中還有籌碼，次日要逢高賣出。**

2-2 【溫和放量、底部逐漸抬高 ②】
股價回落開始橫盤震盪，
等待買進時機

　　當個股止穩後溫和放量，底部逐漸抬高，明顯是主力機構進場吸籌建倉，投資者應以做多心態積極參與。但有的主力機構目標遠大，在底部慢慢吸籌將股價推升到一定高度後，就會展開回檔洗盤，然後再展開橫盤震盪洗盤吸籌，且震盪幅度可能較大，伴隨挖坑打壓，以實現高度鎖倉和控盤，減輕後期拉升壓力，確保獲利最大化。

　　面對這種情況，投資者可以在溫和放量底部抬高，股價達到一定高度，出現短期頭部特徵時先賣出，不參與主力機構的橫盤震盪洗盤行情。但要繼續追蹤觀察，待股價出現向上拉升訊號時，及時進場買進籌碼，搭上一段順風車。

◎全信股份（300447）

　　圖2-4是該股2021年6月10日收盤時的K線走勢圖。該股從前期相對高位，2020年10月19日最高價25.98元，一路震盪下跌，至2021年2月9日最低價10.65元止穩，下跌時間不長，但跌幅大。股價止穩後，主力機構開始吸籌推升股價，個股走勢呈溫和放量，底部逐漸抬高狀態。

　　3月3日，該股大幅開高，股價衝高至當日最高價13.88元後回落，收出一根放量大陰線，主力機構展開回檔洗盤。股價已上漲至前期下跌密集成交區，**投資者可以在當日或次日逢高賣出手中籌碼，然後繼續追蹤觀察。**

　　3月11日，全信股份開高，收出一根長下影線小陽線，成交量較前一交易日放大，股價止穩，主力機構展開橫盤震盪洗盤吸籌行情，震盪

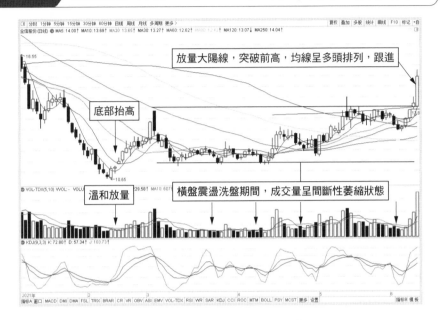

圖2-4　全信股份（300447）2021年6月10日的K線走勢圖

幅度較大，期間成交量呈現間斷性萎縮狀態，股價整體走勢處於上升趨勢。

6月10日，全信股份開低，收出一根大陽線（收盤漲幅8.89％），突破前高和平台，成交量較前一交易日大幅放大。此時均線（除120日均線外）呈現多頭排列，MACD、KDJ等技術指標走強，股價強勢特徵相當明顯，後市股價持續上漲的機率高。對此，**投資者可以在當日或次日進場，逢低買進籌碼。**

下頁圖2-5是全信股份2021年7月22日收盤時的K線走勢圖，可以看出該股6月10日的走勢如上所述，隨後股價走出一波震盪盤升行情。

7月22日，全信股份開低，股價衝高回落，收出一根螺旋槳陽K線（高位或相對高位的螺旋槳K線又稱變盤線、轉勢線），成交量較前一交易日大幅萎縮，加上前一交易日收出的螺旋槳陽K線，顯露主力機構利用盤中拉高手法，吸引跟風盤進場並展開出貨的跡象。**當日投資者如**

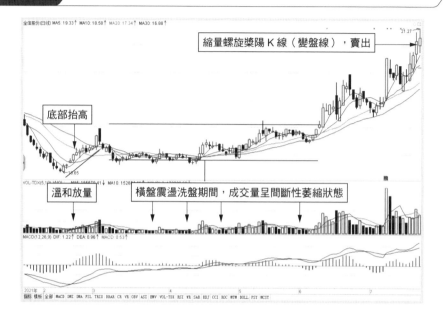

圖2-5　全信股份（300447）2021 年 7 月 22 日的 K 線走勢圖

果手中還有籌碼，次日要逢高賣出。

　　從全信股份整個上漲情況來看，自6月10日收出一根放量大陽線
（收盤價15.44元），上漲到7月22日收出一根縮量螺旋槳陽K線（收盤
價20.58元），漲幅相當不錯。

◎海倫鋼琴（300329）

　　圖2-6是該股2021年7月26日收盤時的K線走勢圖，可以看出該股正
處於高位下跌後的反彈趨勢中。股價從前期相對高位，2020年11月13日
最高價10.40元一路震盪下跌，至2021年2月8日最低價5.46元止穩，下跌
時間不長，但跌幅大。股價止穩後，主力機構快速推升股價，收集籌
碼，個股走勢呈溫和放量，底部逐漸抬高的態勢。

　　3月8日，海倫鋼琴開高，股價回落，收出一根中陰線，成交量較前
一交易日萎縮，主力機構展開回檔洗盤行情。**投資者可以在當日或次日**

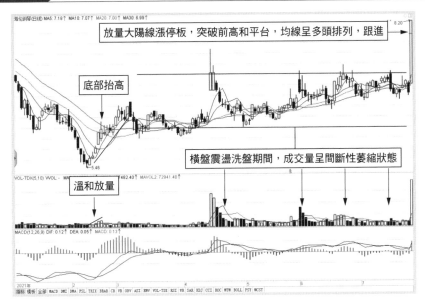

圖2-6　海倫鋼琴（300329）2021年7月26日的K線走勢圖

逢高賣出手中籌碼，然後追蹤觀察。

3月11日，海倫鋼琴開高，收出一根中陽線，成交量較前一交易日萎縮，股價止穩，主力機構展開橫盤震盪洗盤吸籌行情，震盪幅度較小，期間成交量呈間斷性萎縮狀態。

4月15日，海倫鋼琴大幅跳空開高，股價衝高至當日最高價7.68元（盤中觸及漲停）回落，收出一根長上影線大陽線，成交量較前一交易日放大11倍多，主力機構展開試盤，隨後繼續橫盤震盪洗盤吸籌走勢，股價整體處於逐步上升趨勢。

7月26日，海倫鋼琴跳空開高，收出一個大陽線漲停板（在中國是20％漲幅），突破前高和平台，成交量較前一交易日放大9倍多，形成大陽線漲停K線形態。此時均線呈現多頭排列，MACD、KDJ等技術指標走強，股價強勢特徵相當明顯，後市持續上漲的機率高。對此，**投資者可以在當日搶漲停板，或是在次日進場逢低買進籌碼。**

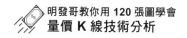
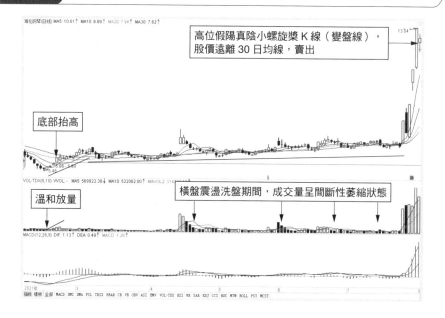

圖2-7　海倫鋼琴（300329）2021 年 8 月 2 日的 K 線走勢圖

高位假陽真陰小螺旋槳 K 線（變盤線），
股價遠離 30 日均線，賣出

底部抬高

溫和放量

橫盤震盪洗盤期間，成交量呈間斷性萎縮狀態

　　圖2-7是海倫鋼琴2021年8月2日收盤時的K線走勢圖，可以看出該股7月26日的走勢如上所述，隨後主力機構展開快速拉升行情。

　　8月2日，主力機構大幅跳空開低（向下跳空－5.67％開盤），收出一根假陽真陰小螺旋槳K線（高位假陽真陰，務必小心），成交量較前一交易日萎縮，顯示主力機構有高位震盪出貨的嫌疑。此時股價遠離30日均線且漲幅較大，KDJ等部分技術指標走弱，盤面的弱勢特徵顯現。**投資者如果手中還有籌碼，次日要逢高賣出。**

　　從海倫鋼琴整個拉升情況來看，自7月26日收出一個大陽線漲停板（收盤價8.20元），上漲到8月2日收出一根假陽真陰小螺旋槳K線（收盤價12.52元），5個交易日的漲幅還是比較大的。

2-3

【溫和放量、底部逐漸抬高 ③】

主力橫盤震盪試盤，打壓股價來吸籌

　　少數個股底部溫和放量，股價上漲至一定高度後，在回檔洗盤、展開橫盤震盪持續洗盤吸籌期間，成交量有時會呈現溫和放大狀態，股價走高。

　　但這不一定是因為主力機構的拉升行為，可能是主力機構展開向上試盤行情，以測試上方的賣壓情況，試盤後進行打壓股價吸籌，向上試盤期間成交量溫和放大，打壓吸籌期間成交量逐漸萎縮。向上多次試盤後，主力機構的強勢拉升也即將展開。

◎泰林生物（300813）

　　下頁圖2-8是該股2021年7月19日收盤時的K線走勢圖，可以看出該股正處於高位下跌後的橫盤震盪整理趨勢。股價從前期相對高位，2020年8月3日最高價89.97元，一路震盪下跌，至2021年3月15日最低價38.66元止穩，下跌時間不長，但跌幅大。股價止穩後，主力機構快速推升股價，收集籌碼，個股走勢呈溫和放量，底部逐漸抬高的態勢。

　　4月22日，泰林生物開低，股價衝高至當日最高價49.80元回落，收出一顆陰十字星，主力機構展開回檔洗盤行情。**投資者可以在當日回檔時，逢高先賣出手中籌碼，繼續追蹤觀察。**

　　5月12日，泰林生物開低，收出一顆陰十字星，股價止穩，主力機構推升股價，並展開橫盤震盪洗盤吸籌行情，震盪幅度較小，成交量呈間斷性萎縮狀態。

　　5月27日、6月21日（橫盤震盪期間），主力機構展開向上試盤動

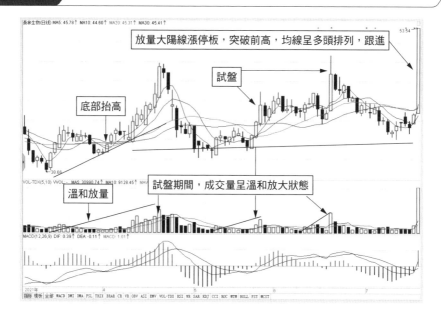

圖2-8 泰林生物（300813）2021 年 7 月 19 日的 K 線走勢圖

作，試盤後進行打壓股價吸籌，向上試盤期間成交量溫和放大，打壓吸籌期間成交量逐漸萎縮。

7月19日，泰林生物跳空開高，收出一個大陽線漲停板，突破前高和平台，成交量較前一交易日放大將近6倍，形成大陽線漲停K線形態。

此時均線（除250日均線外）呈現多頭排列，MACD、KDJ等技術指標走強，股價的強勢特徵相當明顯，後市持續快速上漲的機率高。**投資者可以在當日或次日進場，尋機買進籌碼。**

圖2-9是泰林生物2021年7月23日收盤時的K線走勢圖，可以看出該股7月19日的走勢如上所述，隨後主力機構正式啟動拉升行情。

7月23日，泰林生物跳空開低，股價衝高回落，收出一顆陰十字星，成交量較前一交易日萎縮，顯示主力機構展開高位震盪出貨。此時股價遠離30日均線且漲幅較大，KDJ等部分技術指標走弱，盤面弱勢特徵顯現。面對這種情況，**投資者如果手中還有籌碼，次日要逢高賣出。**

圖2-9　泰林生物（300813）2021年7月23日的K線走勢圖

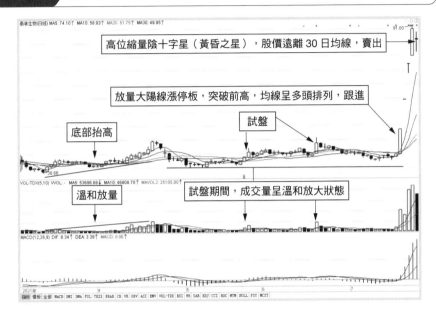

從泰林生物整個拉升情況來看，自7月19日收出一個放量大陽線漲停板（收盤價53.54元），上漲到7月23日收出一顆陰十字星（收盤價85.88元），漲幅相當不錯。

◎英傑電氣（300820）

下頁圖2-10是該股2021年6月21日收盤時的K線走勢圖，可以看出該股正處於高位下跌後的反彈趨勢中。股價從前期相對高位，2020年11月5日最高價73.80元，一路震盪下跌，至2021年2月9日最低價32.55元止穩，下跌時間不長，但跌幅大。止穩後，主力機構快速推升股價，收集籌碼，個股走勢呈溫和放量，底部逐漸抬高的態勢。

3月19日，英傑電氣跳空開高，股價衝高至當日最高價49.92元回落，收出一根長上影線假陰真陽倒錘頭K線，主力機構展開回檔洗盤行情。**投資者可以在當日調整或次日，逢高先賣出手中籌碼，繼續追蹤觀**

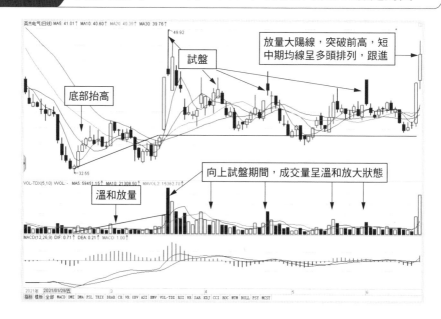

圖2-10　英傑電氣（300820）2021 年 6 月 21 日的 K 線走勢圖

察。隨後主力機構展開橫盤震盪洗盤吸籌行情，震盪幅度較小，成交量呈間斷性萎縮狀態。

回檔洗盤以及橫盤震盪洗盤期間的3月19日、4月7日、4月23日、5月21日、6月1日，主力機構展開多次向上試盤動作。向上試盤後，主力機構繼續打壓股價吸籌，向上試盤期間成交量溫和放大，打壓吸籌期間成交量逐漸萎縮。

6月21日，英傑電氣開高，收出一根大陽線（收盤漲幅7.99％），突破前高和平台，成交量較前一交易日放大2倍多。此時短中期均線呈現多頭排列，MACD、KDJ等技術指標走強，股價強勢特徵相當明顯，後市持續快速上漲的機率高。對此，**投資者可以在當日或次日進場，逢低買進籌碼。**

圖2-11是英傑電氣2021年7月29日收盤時的K線走勢圖，可以看出該股6月21日的走勢如上所述，隨後主力機構展開震盪盤升行情。

圖2-11　英傑電氣（300820）2021 年 7 月 29 日的 K 線走勢圖

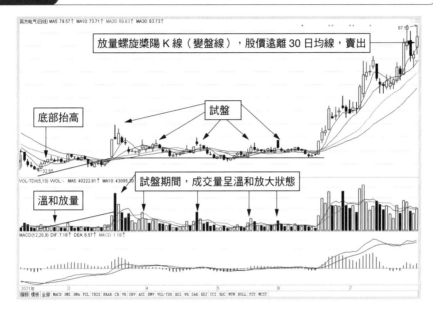

7月29日，英傑電氣向上跳空開高，收出一根螺旋槳陽K線，成交量較前一交易日明顯放大，加上前一交易日收出的一根小螺旋槳K線，顯示主力機構有高位調整的跡象。

這時候，股價遠離30日均線且漲幅較大，盤面的弱勢特徵顯現。對此，**投資者如果當日手中還有籌碼，次日應當逢高賣出，或是繼續追蹤觀察。**

從英傑電氣整個拉升情況來看，自6月21日收出一根放量大陽線（收盤價47.04元），上漲到7月29日收出一根螺旋槳陽K線（收盤價83.20元），29個交易日的漲幅相當不錯。

2-4 【溫和放量、底部逐漸抬高 ④】
股價橫盤震盪回落，
持續追蹤觀察

　　有極少數的個股底部溫和放量，股價上漲至一定高度後，主力機構在股價震盪下跌後的橫盤震盪洗盤吸籌期間，一遇上大勢不好，就會馬上反手打壓股價，然後在更低的位置進一步收集籌碼，再次呈現溫和放量，底部逐漸抬高的趨勢。

　　像這類個股，投資者可以繼續追蹤觀察，待橫盤震盪洗盤吸籌行情結束，明確上行方向後再進場也不遲。如果在橫盤震盪期間買進，也要在主力機構反手打壓股價時，迅速逢高賣出，可以將該股放在自選股中，持續追蹤觀察。

◎粵桂股份（000833）

　　圖2-12是該股2022年1月28日收盤時的K線走勢圖。股價從前期相對高位，2021年9月10日最高價10.16元，一路震盪下跌，至11月29日最低價6.20元止穩，雖然下跌時間只有2個多月，但跌幅較大。股價止穩後，主力機構展開橫盤震盪洗盤吸籌行情，期間成交量呈現間斷性萎縮狀態。

　　股價橫盤震盪至2022年1月14日，由於受大盤震盪下跌、走勢疲軟的影響，主力機構反手打壓股價，該股跳空開低跌破平台，股價繼續展開下跌調整行情。

　　1月28日，粵桂股份開高，收出一根中陽線，成交量較前一交易日略有放大，當日股價探至最低價5.49元止穩。那麼，該股再次止穩後的走勢會是如何呢？

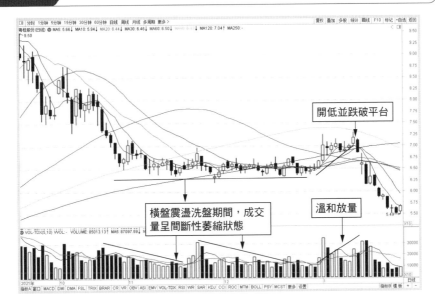

圖2-12　粵桂股份（000833）2022年1月28日的K線走勢圖

下頁圖2-13是粵桂股份2022年4月15日收盤時的K線走勢圖，可以看出該股1月28日的走勢如上所述。之後主力機構連續拉出2根陽線（一根中陽線和一根大陽線），展開強勢整理洗盤吸籌行情。

3月2日，粵桂股份向上跳空開高，收出一根大陽線，突破前高和平台，留下向上突破缺口，成交量較前一交易日放大2倍多，形成向上突破缺口K線形態。

此時短期均線呈現多頭排列，MACD、KDJ等技術指標走強，股價的強勢特徵相當明顯，後市持續上漲的機率高。面對這種情況，**投資者可以在當日或次日進場，逢低買進籌碼。**

4月15日，粵桂股份開高，股價衝高回落，收出一根實體較長，帶上下影線的烏雲蓋頂大陰線（常見的看跌反轉訊號），成交量較前一交易日略萎縮，收盤漲幅－5.90％，股價跌破5日均線且收在5日均線下方，顯示主力機構展開調整行情。

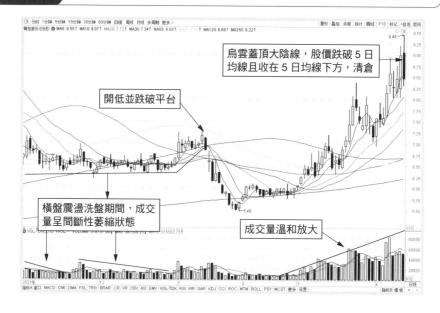

圖2-13　粵桂股份（000833）2022 年 4 月 15 日的 K 線走勢圖

烏雲蓋頂大陰線，股價跌破 5 日均線且收在 5 日均線下方，清倉

開低並跌破平台

橫盤震盪洗盤期間，成交量呈間斷性萎縮狀態

成交量溫和放大

這時候，股價離30日均線較遠且漲幅較大，MACD、KDJ等技術指標走弱，盤面顯現弱勢特徵。對此，**投資者如果當日手中還有籌碼，次日應該逢高清倉。**

◎建科機械（300823）

圖2-14是該股2021年7月27日收盤時的K線走勢圖，可以看出股價整體走勢正處於下跌趨勢。股價從前期相對高位，2020年12月4日最高價39.80元，急速下跌，至2021年1月14日最低價24.17元止穩，下跌時間雖只有28個交易日，但跌幅較大。股價止穩後，主力機構展開橫盤震盪整理行情，期間成交量呈間斷性萎縮狀態。

4月30日，建科機械跳空開低，跌破平台，橫盤震盪洗盤吸籌行情結束，股價繼續展開下跌調整。

5月11日，建科機械開高，收出一顆假陰真陽十字量，成交量較前

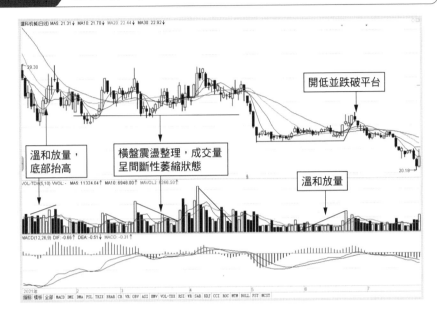

圖2-14　建科機械（300823）2021 年 7 月 27 日的 K 線走勢圖

一交易日大幅萎縮，股價止穩，繼續展開橫盤震盪整理行情。

6月28日，建科機械跳空開低，收出一根小陽線，成交量較前一交易日萎縮，股價再次跌破平台，展開下跌調整。

7月27日，建科機械以平盤開出，收出一根中陽線（收盤漲幅4.05％），成交量較前一交易日明顯放大，股價止穩。此時大盤走勢以震盪整理為主，漲漲跌跌，讓人非常難受。那麼，該股再次止穩後的走勢如何呢？

下頁圖2-15是建科機械2021年9月7日收盤時的K線走勢圖，可以看出該股7月27日以平盤開出，收出一根放量中陽線，股價最低價探至20.40元止穩，之後主力機構強勢整理3個交易日，展開一波較大幅度的反彈。

9月7日，建科機械開低，收出一根錘頭陽K線（高位或相對高位的錘頭線又稱上吊線、吊頸線），成交量較前一交易日萎縮，顯示主力機

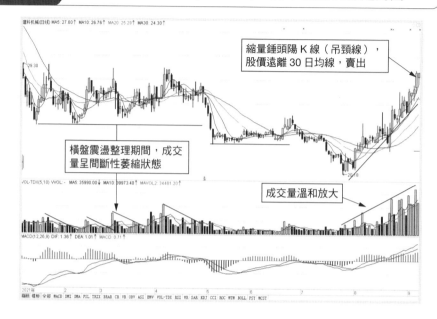

圖2-15 建科機械（300823）2021 年 9 月 7 日的 K 線走勢圖

構已經展開高位出貨。此時股價遠離30日均線且漲幅較大。面對這種情況，**投資者如果當日手中還有籌碼，次日應該逢高賣出。**

2-5

【底部放巨量、股價快速上漲 ①】
顯示反轉訊號，
行情上漲的機率高

　　底部放巨量，股價快速上漲，是指個股經過長時間的下跌，到達底部區域後，某個交易日突然放出較前一交易日大2倍以上的成交量，且股價同步快速上漲的量價配合關係。

　　在大勢尚好的情況下，底部放巨量股價快速上漲，是一種反轉訊號，預示後市有很高的機率出現上漲行情，是一種強勢的量增價漲量價關係。但是，主力機構老謀深算，不按牌理出牌，底部放出巨量後的股價走勢，也不一定都能快速上漲。

　　舉例來說，個股出現快速吸籌建倉、試盤等現象，都可能放出巨量，股價短時間也會出現快速上行，但時間不長就會出現回檔洗盤，甚至回到原來上漲時的價位。

　　一些下跌時間較長、跌幅較大的個股，底部放出巨量後，絕大部分個股在短期內會走出一波不錯的反彈（上漲）行情。低位橫盤震盪時間較長、主力機構洗盤（包括橫盤震盪後的挖坑打壓洗盤）吸籌比較充分的個股，可能會走出一波幅度較大的上漲行情。

　　所以，對於底部放巨量的個股，投資者在操作時也要區分不同情況，分別對待並謹慎決策。

　　個股經過較長時間震盪下跌，在底部（或相對低位）區域突然放出巨量向上突破，股價同步快速上漲，有以下兩種情況值得投資者重點關注，一種是底部放巨量，股價快速上漲，另一種則是低位橫盤整盪整理放巨量，股價快速上漲。

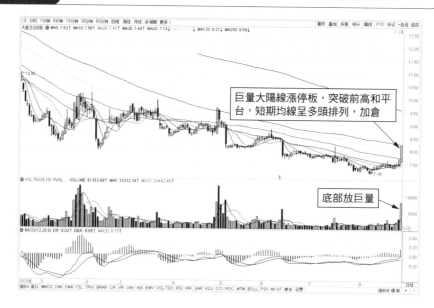

圖2-16　大勝達（603687）2021 年 8 月 26 日的 K 線走勢圖

巨量大陽線漲停板，突破前高和平台，短期均線呈多頭排列，加倉

底部放巨量

💲 股價快速上漲

當底部放巨量，股價快速上漲時，量價特徵表現為量增價升關係。個股（尤其下跌初期放大量拋售比較徹底的個股）經過長期震盪下跌，下跌幅度較大，止穩後突然放出巨量，明顯是主力機構進場建倉的訊號，後市看好，應該積極做多。

◎大勝達（603687）

圖2-16是該股2021年8月26日收盤時的K線走勢圖，可以看出該股正處於高位下跌後的強勢反彈中。該股於2019年7月26日上市後，上漲至8月8日最高價24.94元，然後一路震盪下跌，至2021年8月6日最低價7.16元止穩，下跌時間長且跌幅大，期間有過多次急跌並放出大量。股價止穩後，主力機構緩慢推升股價，收集籌碼，K線走勢呈紅多綠少、

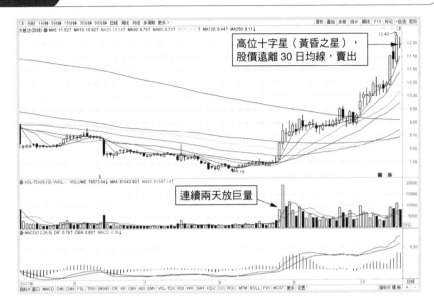

圖2-17　大勝達（603687）2021 年 10 月 26 日的 K 線走勢圖

紅肥綠瘦的態勢。

　　8月26日，大勝達向上跳空開高，拉出一個大陽線漲停板，突破前高和平台，成交量較前一交易日放大2.5倍（屬於放巨量），形成大陽線漲停K線形態。此時短期均線呈現多頭排列，MACD、KDJ等技術指標走強，股價的強勢特徵相當明顯，後市持續上漲的機率高。面對這種情況，**投資者可以在當日搶漲停板，或在次日尋機加倉買進籌碼，待股價出現明顯見頂訊號時再賣出。**

　　圖2-17是大勝達2021年10月26日收盤時的K線走勢圖，可以看出該股8月26日放巨量收出一個大陽線漲停板，突破前高和平台，形成大陽線漲停K線形態後，主力機構展開一波震盪向上盤升行情。

　　從大勝達的上漲走勢來看，主力機構依託5日均線向上推升股價。上漲過程中，展開兩次較大幅度的回檔洗盤，股價多次向下跌破10日均線，但很快收回，代表10日均線發揮較好的支撐作用，整個上漲走勢還

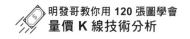

算順暢。

10月26日，大勝達開低，收出一顆陰十字星，成交量較前一交易日萎縮，顯示主力機構展開調整出貨。此時股價遠離30日均線且漲幅較大，KDJ等部分技術指標走弱，盤面弱勢特徵顯現。**當日投資者手中如果還有籌碼，次日應該逢高賣出。**

從大勝達整個上漲情況來看，自8月26日收出一個巨量大陽線漲停板（收盤價8.23元），到10月26日收出一顆縮量陰十字星（收盤價11.95元），37個交易日的漲幅相當不錯。

⑤ 股價快速上漲後回檔

當底部放巨量，股價快速上漲後回檔時，量價特徵表現為量增價升轉變成量縮價跌。突破放巨量，回檔縮量，是主力機構從底部快速推升股價吸籌建倉，展開調整洗盤的常見操盤手法和量價關係。個股在底部區域止穩後，小幅整理一段時間，突然放出巨量，股價快速上漲，然後回檔至某均線位置，依託該均線上行。

有的個股可能在股價快速上漲期間有多次回檔，這是主力機構在推升股價過程中，迫於前期（左邊）成交密集區的壓力而展開洗盤，同時拉高其他投資者的入場成本，目的是減輕後期拉升壓力。

像這種情況，在股價回檔至某均線位置、出現回穩訊號時，前期已買進籌碼的投資者可以加倉買進，沒有買進籌碼的應及時進場。投資者一定要珍惜低位回檔的買進機會，避免在高位開始下跌時買進。

◎財信發展（000838）

圖2-18是該股2021年12月8日收盤時的K線走勢圖。可以看出該股整體走勢正處於上升趨勢。股價從前期相對高位，2019年4月16日最高價5.22元，一路震盪下跌，至2021年2月4日最低價2.30元止穩，下跌時間長且跌幅大。

股價止穩後，主力機構快速向上推升股價，收集籌碼，展開大幅度

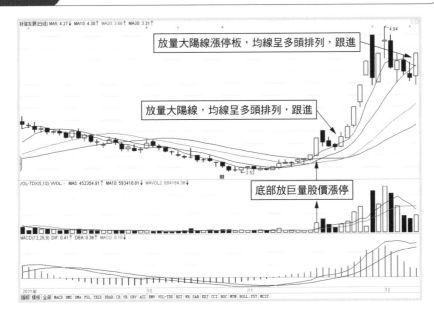

圖2-18　財信發展（000838）2021年12月8日的K線走勢圖

震盪盤升行情，低買高賣，獲利與洗盤吸籌並舉，成交量呈間斷性放大狀態。期間主力機構收出過6個放量（巨量）大陽線漲停板，均屬於吸籌建倉型漲停板。

11月16日，財信發展開低，收出一個大陽線漲停板，突破前高和平台，成交量較前一交易日放大近4倍（屬於巨量），形成大陽線漲停K線形態。次日，該股開高回落，收出一根中陰線，主力機構展開回檔洗盤行情，連續強勢調整3個交易日，成交量呈萎縮狀態，**正是投資者進場的好時機。**

11月22日，財信發展開高，收出一根大陽線，成交量較前一交易日明顯放大，回檔洗盤行情結束，回檔確認。此時均線（除120日均線外）呈現多頭排列，MACD、KDJ等技術指標走強，股價強勢特徵相當明顯，後市持續上漲的機率高。面對這種情況，**投資者可以在當日或次日買進籌碼。**此後主力機構快速向上拉升股價。

圖2-19　財信發展（000838）2021 年 12 月 21 日的 K 線走勢圖

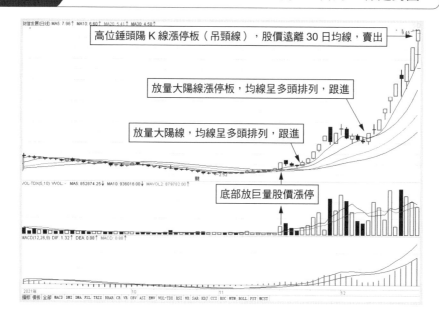

11月29日，財信發展漲停開盤，股價直接回落，收出一根長實體巨量烏雲蓋頂大陰線，成交量較前一交易日大幅放大，主力機構再次展開回檔洗盤行情。

12月8日，財信發展開高，收出一個大陽線漲停板，成交量較前一交易日明顯放大，股價拉回5日、10日均線上方回穩，5日、10日均線黃金交叉，回檔洗盤行情結束，回檔確認。

這時候，均線（除5日均線外）呈現多頭排列，MACD、KDJ等技術指標走強，股價的強勢特徵相當明顯，後市持續上漲的機率高。對此，**投資者可以在當日搶漲停板，或在次日進場，待股價出現明顯見頂訊號時賣出。**

圖2-19是財信發展2021年12月21日收盤時的K線走勢圖，可以看出該股12月8日收出一個放量大陽線漲停板，股價拉回到5日、10日均線上方回穩，回檔走勢確認後，主力機構啟動一波快速拉升行情。

　　從拉升情況來看，主力機構採取交易日內盤中調整洗盤的手法，強勢直線拉升股價，連續拉出10根陽線（12月16日為假陰真陽K線），其中7個漲停板。從11月22日第一次回檔確認（收盤價3.10元）算起，到12月21日股價出現明顯見頂訊號（收盤價9.55元）止，22個交易日的漲幅相當大。

　　12月21日，財信發展開高，收出一根長下影線錘頭陽K線漲停板，成交量較前一交易日萎縮，顯示主力機構利用開高、盤中高位震盪、漲停誘多等操盤手法，吸引跟風盤進場並趁機出貨的跡象。

　　此時，股價遠離30日均線而且漲幅大，KDJ等部分技術指標有走弱的跡象，盤面顯現弱勢特徵。**投資者手中如果還有籌碼，次日應該逢高賣出。**

2-6 【底部放巨量、股價快速上漲 ②】
橫盤震盪整理後放量，
要注意 2 種情況

　　個股經過較長時間震盪下跌，在底部（或相對低位）區域止穩後，繼續展開較長時間的橫盤震盪整理行情，構築震盪整理平台。期間成交量呈縮量狀態，某日突然放出巨量，股價同步快速上漲，有以下兩種情況值得投資者重點關注。

💲 低位橫盤震盪整理後放巨量

　　當低位橫盤震盪整理後放巨量，股價快速上漲時，量價特徵表現為量縮價平轉為量增價升。個股經過長期震盪下跌，下跌幅度大，又經過較長時間的橫盤整理，加上在下跌初期放大量拋售比較徹底，止穩後橫盤震盪整理時突然放出巨量，代表主力機構看好後市，開始大量建倉。

　　投資者如果在實戰操作中發現類似情況，可以及時進場，待股價出現明顯見頂訊號時再賣出，應該能搭上一趟滿載而歸的順風車。

◎聚光科技（300203）

　　圖2-20是該股2021年8月19日收盤時的K線走勢圖，可以看出該股正處於長時間橫盤震盪整理後的反彈趨勢中。股價從前期相對高位，2018年1月3日最高價38.07元，一路震盪下跌，至2021年3月30日最低價11.55元止穩，股價下跌時間長、跌幅大，而且有多次較大幅度的反彈。在股價止穩後，主力機構展開橫盤震盪整理洗盤行情，構築第一個短期平台。

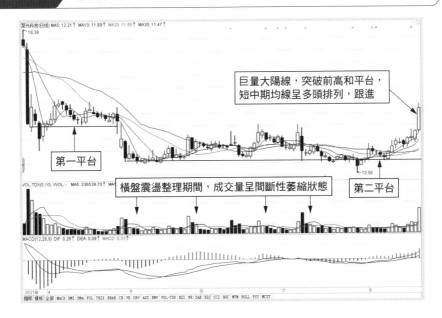

圖2-20 聚光科技（300203）2021年8月19日的K線走勢圖

4月28日，股價跌破平台，再次展開調整下跌洗盤，至4月30日最低價11.07元回穩，繼續展開橫盤震盪整理洗盤行情，構築第二個平台，此次整理幅度較小，成交量呈現間斷性萎縮狀態。

主力機構兩次回檔展開橫盤震盪洗盤行情，意圖借助大盤走勢低迷時，透過多個平台震盪整理，進一步摧毀投資者的持股信心，達到洗盤吸籌、減輕後期拉升壓力的目的。

8月19日，聚光科技開高，收出一根大陽線，突破前高和平台，成交量較前一交易日放大2.5倍（屬巨量）。此時短中期均線呈現多頭排列，MACD、KDJ等技術指標走強，股價強勢特徵相當明顯，後市持續上漲的機率高。面對這種情況，**投資者可以在當日或次日進場，逢低買進籌碼，待股價出現明顯見頂訊號時賣出。**

下頁圖2-21是聚光科技2021年9月6日收盤時的K線走勢圖，可以看出該股8月19日的走勢如上所述。之後主力機構展開一波快速拉升行

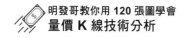
圖2-21　聚光科技（300203）2021 年 9 月 6 日的 K 線走勢圖

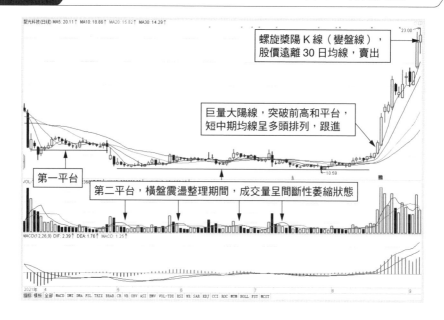

情。

　　從整個拉升情況來看，主力機構採取快速調整洗盤的手法，幾乎是直線向上拉升。13個交易日就將股價從8月19日收盤價13.16元，拉升到9月6日收盤價22.36元，漲幅相當不錯。

　　9月6日，聚光科技開低，股價衝高回落，收出一根螺旋槳陽K線，成交量較前一交易日萎縮，代表主力機構展開高位調整出貨。此時股價遠離30日均線且漲幅較大，KDJ等部分技術指標有走弱跡象，盤面弱勢特徵顯現。**投資者手中如果還有籌碼，次日應該逢高賣出，或是繼續追蹤觀察。**

💲 低位橫盤震盪整理挖坑打壓後放巨量

　　當低位橫盤震盪整理挖坑打壓後放巨量，股價快速上漲時，量價特

徵表現為量縮價平轉為量縮價跌，橫盤震盪整理期間大致為量縮價平，挖坑期間為量縮價跌。

個股經過較長時間的下跌，在橫盤震盪整理期間，主力機構經常會借助大盤調整的時機，突然挖坑打壓股價，目的是進一步洗盤吸籌，減少後期拉升的賣壓，同時收集更多廉價籌碼。挖坑結束，成交量呈溫和放大狀態，股價慢慢盤升，即將突破坑口時放巨量，股價快速上漲，顯然是主力機構即將拉升。

投資者在操作中如果發現類似情況的個股，可以及時進場買進籌碼，待出現明顯見頂訊號時再賣出，應該可以搭一段愉快的順風車，且有不錯的獲利。

◎躍嶺股份（002725）

圖2-22是該股2021年12月2日收盤時的K線走勢圖，可以看出該股正處於橫盤震盪整理挖坑打壓後的反彈趨勢中。股價從前期相對高位，2020年7月14日最高價13.14元，一路震盪下跌，至2021年2月9日最低價6.36元止穩，股價下跌時間不長，但跌幅較大。股價止穩後，主力機構開始推升股價，收集籌碼，成交量溫和放大，底部逐漸抬高。

3月31日，躍嶺股份大幅開高，股價衝高回落，收出一根帶長上下影線的假陰真陽螺旋槳K線，成交量較前一交易日大幅放大，主力機構展開回檔洗盤行情。之後展開橫盤震盪整理，構築第一個平台。

7月15日，躍嶺股份開低，收出一根大陰線，成交量較前一交易日大幅放大，股價跌破平台，再次展開回檔洗盤行情，至28日最低價6.43元回穩，然後再次展開橫盤震盪整理行情，構築第二個平台。

9月15日，躍嶺股份開低，收出一根小陰線，成交量較前一交易日大幅萎縮，股價跌破第二個平台，主力機構開始挖坑打壓股價，並繼續洗盤。

10月28日，躍嶺股份以平盤開出，收出一根陰十字星，當日股價探至最低價5.95元止穩，挖坑打壓行情結束。之後主力機構開始向上推升股價，進一步收集籌碼，成交量溫和放大，K線走勢呈現紅多綠少、紅

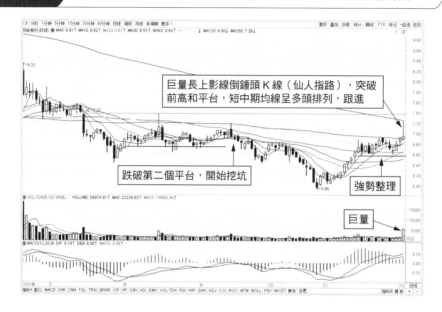

圖2-22 躍嶺股份（002725）2021 年 12 月 2 日的 K 線走勢圖

肥綠瘦的態勢。

11月15日，主力機構將股價推升至坑口處，再次展開強勢整理洗盤吸籌行情。這時，**投資者可以進場逢低分批買進籌碼。**

12月2日，躍嶺股份開低，收出一根長上影線倒錘頭陽K線（個股底部或低位區域出現的長上影線倒錘頭K線，又稱仙人指路，是強烈的看漲訊號，如配合成交量放大，則看漲訊號更加強烈），股價突破前高和平台，成交量較前一交易日放大3倍多（屬巨量）。

此時，短中期均線呈現多頭排列，MACD等部分技術指標走強，股價的強勢特徵顯現，後市股價上漲的機率較高。面對這種情況，**投資者可以在當日或次日進場，逢低買進籌碼、持股待漲，待股價出現明顯見頂訊號時再賣出。**

圖2-23是躍嶺股份2021年12月15日收盤時的K線走勢圖，可以看出該股12月2日收出一根巨量長上影線倒錘頭陽K線後，次日主力機構又強

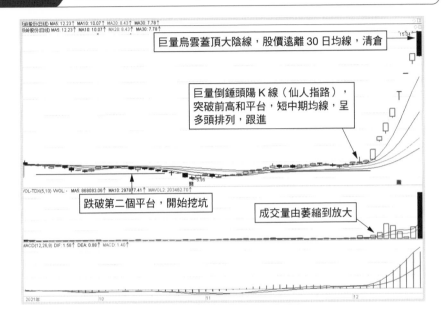

圖2-23　躍嶺股份（002725）2021 年 12 月 15 日的 K 線走勢圖

> 巨量烏雲蓋頂大陰線，股價遠離 30 日均線，清倉

> 巨量倒錘頭陽 K 線（仙人指路），突破前高和平台，短中期均線，呈多頭排列，跟進

> 跌破第二個平台，開始挖坑

> 成交量由萎縮到放大

勢整理一個交易日，正是投資者進場的好時機。之後主力機構展開急速拉升行情。

　　從拉升情況來看，主力機構採取急速拉升的手法，幾乎是直線向上拉升股價，8個交易日連續拉出7個漲停板。股價從12月6日收盤價7.72元，上漲到12月14日收盤價13.67元，漲幅相當可觀。

　　12月15日，躍嶺股份大幅開高（向上跳空9.95％、差1分錢漲停開盤，盤中一度漲停），股價回落，收出一根烏雲蓋頂大陰線（常見的看跌反轉訊號），成交量較前一交易日放大近4倍多（屬巨量下跌），代表主力機構利用大幅開高、盤中漲停、高位震盪的操盤手法，引誘跟風盤進場，同時大量出貨。

　　此時股價遠離30日均線且漲幅大，KDJ等部分技術指標走弱，盤面弱勢特徵顯現。**投資者手中如果還有籌碼，次日應該逢高賣出。**

2-7 【底部縮量、股價上漲 ①】
暫時的量價背離關係，
很快會被改變

　　底部縮量，股價上漲，是指個股經過較長時間震盪下跌，在底部（或相對低位）區域止穩後，成交量仍呈現萎縮狀態，股價卻緩慢上行的一種量價背離關係。這種只是暫時的量價背離關係，隨著場外資金的積極進場，這種關係很快會被改變。

　　當個股經過連續下跌，空方力量大致消耗得差不多，該斬倉的斬倉，該賣出的賣出，少數意志非常堅定的投資者不見帳戶翻紅，則暫時不賣出。此時賣盤減少，賣壓減輕，觀望氣氛較濃厚，少量資金買進就能推升股價、抬高底部。

　　從另一方面來看，也說明主力機構在個股下跌後期，已經開始收集籌碼建倉，此時籌碼鎖定性較好，控盤也較到位，在沒有太多賣壓的情況下，股價緩慢上漲並不需要太多成交量。

　　這種底部縮量上漲的持續性值得期待，是種好兆頭，多數情況下後市可能會有較大的漲幅，至少也會有一波較大幅度的反彈。

　　普通的底部縮量上漲，是指個股回穩後，由於股價走勢處於低位，加上賣壓小，成交量延續下跌末期的縮量狀態，股價卻緩慢上漲，底部逐漸抬高。如果後續做多資金能積極進場、成交量逐漸放大，將會有一波不錯的反彈（上漲）行情。

◎貴繩股份（600992）

　　圖2-24是該股2021年6月7日收盤時的K線走勢圖，可以看出該股正處於高位下跌後的反彈趨勢中。股價從前期相對高位，2019年4月18日

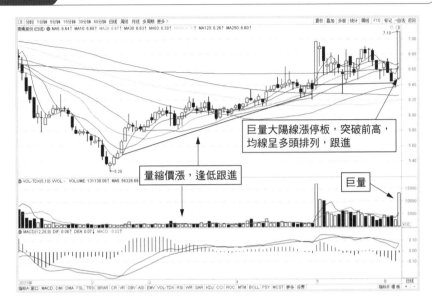

圖2-24 貴繩股份（600992）2021 年 6 月 7 日的 K 線走勢圖

最高價9.95元，一路震盪下跌，至2021年2月8日最低價5.28元止穩（當日週轉率只有0.46％），下跌時間較長且跌幅較大，期間有過多次較大幅度的反彈。

股價止穩後，主力機構開始快速推升股價，收集籌碼，然後展開震盪盤升行情，成交量延續下跌末期的縮量狀態，股價卻緩慢上漲，底部逐漸抬高，K線走勢呈紅多綠少、紅肥綠瘦的態勢。**投資者完全可以在股價縮量盤升的過程中，逢低買進籌碼。**

5月6日，貴繩股份開高，收出一個大陽線漲停板，突破前高，成交量較前一交易日放大近12倍（屬於巨量漲停），形成大陽線漲停K線形態，縮量盤升狀態結束。隨後主力機構展開強勢震盪整理，清洗獲利籌碼，成交量呈現逐漸萎縮狀態。

6月7日，貴繩股份開高，收出一個大陽線漲停板，突破前高，成交量較前一交易日放大5倍多（屬於巨量漲停），形成大陽線漲停K線形

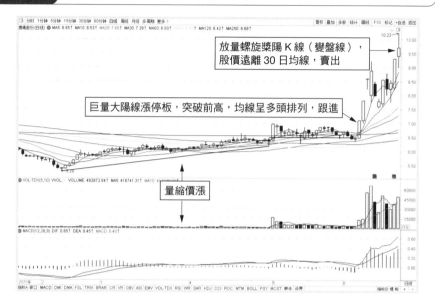

圖2-25 貴繩股份（600992）2021 年 6 月 22 日的 K 線走勢圖

態。此時均線呈現多頭排列，MACD、KDJ等技術指標走強，股價的強勢特徵相當明顯，後市股價持續上漲的機率高。

面對這種情況，**投資者可以在當日搶漲停板，或在次日進場，尋機買進籌碼，持股待漲，待股價出現明顯見頂訊號時賣出。**

圖2-25是貴繩股份2021年6月22日收盤時的K線走勢圖，可以看出該股6月7日收出一個巨量大陽線漲停板，股價強勢特徵相當明顯。之後主力機構展開一波快速拉升行情。

從拉升情況來看，主力機構採取快速拉升的操盤手法，連續拉出2個漲停板，展開短暫強勢調整後，繼續向上拉升。從貴繩股份底部縮量上漲以來的情況看，自2月8日止穩（收盤價5.38元）到6月22日（收盤價9.70元），4個多月的漲幅相當不錯。

6月22日，貴繩股份開高，股價衝高回落，收出一根螺旋槳陽K線，成交量較前一交易日放大（從該股當日的分時走勢看，盤中有多次

短暫漲停），代表主力機構利用開高、漲停誘多、高位震盪的操盤手法，吸引跟風盤進場，同時在高位出貨。

此時股價遠離30日均線且漲幅較大，KDJ等部分技術指標走弱，盤面弱勢特徵開始顯現。**投資者手中如果還有籌碼，次日應該逢高賣出，也可以繼續追蹤觀察。**

2-8 【底部縮量、股價上漲 ②】
橫盤震盪整理後縮量，
反映主力控盤程度高

　　底部橫盤震盪整理後，股價縮量上漲，是指個股下跌回穩後，主力機構短暫推升股價，便立即展開橫盤震盪整理行情，期間成交量呈現間斷性萎縮狀態。之後，股價開始緩慢上漲，成交量短期內逐漸（或間斷性）萎縮。

　　出現這種情況是因為主力機構控盤程度較高，加上前期套牢盤也沒有獲利，主力機構小幅推升股價，上方幾乎沒有賣壓，所以成交量呈現萎縮狀態。隨著後續做多資金的積極進場、成交量逐漸放大，股價逐步走高，後市將有一波不錯的上漲行情。

◎岳陽興長（000819）

　　圖2-26是該股2021年11月22日收盤時的K線走勢圖，可以看出該股正處於上升趨勢中。股價從前期相對高位，2017年9月13日最高價19.99元，一路震盪下跌，至2021年2月4日最低價5.53元止穩，下跌時間長且跌幅大，期間有多次較大幅度的反彈。股價止穩後，主力機構快速推升股價，收集籌碼。

　　2月23日，岳陽興長開高，股價衝高至當日最高價6.40元回落，收出一根螺旋槳陰K線，之後主力機構展開橫盤震盪整理洗盤吸籌行情，期間成交量呈間斷性萎縮狀態。

　　7月30日，岳陽興長以平盤開出，收出一根大陽線（漲幅4.08％），突破前高，成交量較前一交易日放大3倍多，橫盤震盪整理洗盤吸籌行情結束。當日股價向上突破5日、10日、20日、30日、60

圖2-26　岳陽興長（000819）2021 年 11 月 22 日的 K 線走勢圖

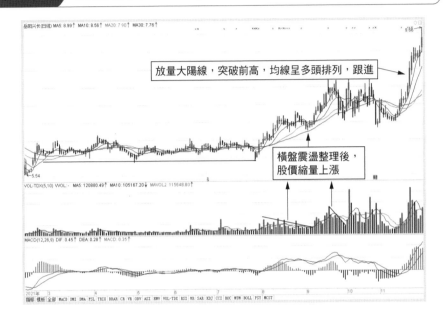

放量大陽線，突破前高，均線呈多頭排列，跟進

橫盤震盪整理後，股價縮量上漲

日、90日和120日均線（一陽穿7線），250日均線在股價上方下行，形成蛟龍出海形態。

　　此時，均線（除250日均線外）呈現多頭排列，MACD、KDJ等各項技術指標走強，股價的強勢特徵比較明顯，後市股價持續上漲的機率高。對此，**投資者可以在當日或次日進場買進籌碼**。之後股價震盪盤升，成交量短期內逐漸（間斷性）萎縮。隨著成交量逐漸放大，股價逐步走高。

　　11月22日，岳陽興長以平盤開出，收出一根大陽線，突破前高，成交量較前一交易日明顯放大。此時均線呈現多頭排列，MACD、KDJ等各項技術指標走強，股價強勢特徵非常明顯，後市股價持續快速上漲的機率高。面對這種情況，**投資者可以在當日或次日進場，加倉買進籌碼，待股價出現明顯見頂訊號時再賣出**。

　　下頁圖2-27是岳陽興長2022年1月6日收盤時的K線走勢圖，可以看

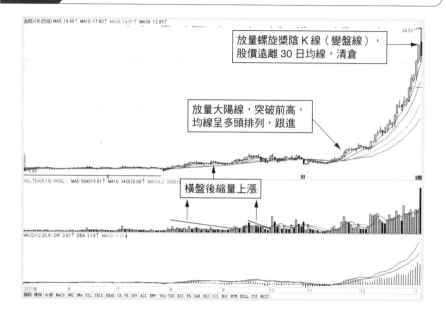

圖2-27　岳陽興長（000819）2022 年 1 月 6 日的 K 線走勢圖

出該股11月22日收出一根放量大陽線，突破前高，股價的強勢特徵非常
明顯。之後主力機構展開一波快速拉升行情。

　　從拉升情況來看，主力機構採取快速拉升、短期強勢調整的操盤手
法，在拉升期間展開三次強勢調整洗盤，除拉升初期，有一次4個交易
日的強勢調整洗盤時間較長外，其餘兩次都是2個交易日的快速調整，
整個拉升過程幾乎是直線向上拉升。

　　從岳陽興長底部縮量上漲以來的情況看，自2021年7月29日橫盤震
盪洗盤結束（收盤價6.52元），到2022年1月6日（收盤價20.89元），5
個月的漲幅相當可觀。

　　1月6日，岳陽興長開高，股價衝高回落，收出一根螺旋槳陰K線，
成交量較前一交易日放大近2倍，顯露主力機構利用開高衝高、漲停誘
多、震盪回落的操盤手法，吸引跟風盤進場以趁機出貨的意圖。

　　此時股價遠離30日均線且漲幅較大，KDJ等部分技術指標走弱，盤

面顯現弱勢特徵。**投資者手中如果還有籌碼，次日應該逢高賣出。**從該股上市後的K線走勢來看，這是一檔長主力股（也是強主力股），可以繼續追蹤觀察。

2-9 【底部縮量、股價上漲 ③】
橫盤震盪整理挖坑後縮量，在坑底買進部分籌碼

　　底部橫盤震盪整理挖坑後，股價縮量上漲，是指個股回穩，主力機構短期推升股價後，即展開橫盤震盪整理洗盤。期間主力機構經常會借助大盤調整的時候，突然挖坑打壓股價，目的是進一步清洗浮籌，減少後期拉升的壓力，同時可以收集更多的廉價籌碼。

　　挖坑結束且股價回穩後，由於沒什麼賣壓，成交量延續之前的縮量形態，主力機構小幅推升，股價即緩慢上漲，成交量短期內仍呈現逐漸萎縮的狀態。隨著後續做多資金的積極進場、成交量逐漸放大，股價逐步上漲。

　　對於這種橫盤震盪整理洗盤期間挖坑的個股，投資者可以在挖坑結束回穩後（即坑底），買進部分籌碼，在股價突破坑口時，再加倉買進籌碼，然後持股待漲，等待出現明顯見頂訊號時再賣出，應該會有一段不錯的獲利。

◎迦南科技（300412）

　　圖2-28是該股2021年11月29日收盤時的K線走勢圖，可以看出該股正處於上升趨勢中。股價從前期相對高位，2020年10月13日最高價17.99元，一路震盪下跌，至2021年2月8日最低價7.52元止穩，下跌時間不長，但跌幅大。股價止穩後，主力機構快速推升股價，收集籌碼。

　　3月8日，迦南科技開高，股價衝高回落，收出一根放量小陰線，展開橫盤震盪整理洗盤吸籌行情，構築第一個平台，期間成交量呈現間斷性萎縮的狀態。

> **圖2-28**　迦南科技（300412）2021 年 11 月 29 日的 K 線走勢圖

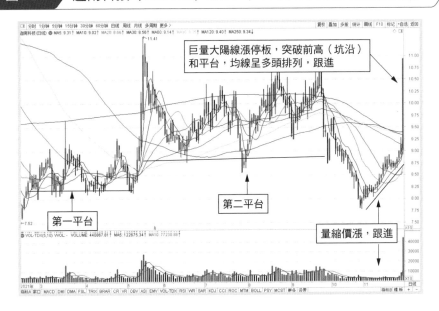

巨量大陽線漲停板，突破前高（坑沿）和平台，均線呈多頭排列，跟進

第一平台

第二平台

量縮價漲，跟進

5月19日，迦南科技開低，股價衝高回落，收出一根縮量螺旋槳陰 K 線，展開橫盤震盪整理洗盤吸籌行情，構築第二個平台，期間成交量呈間斷性萎縮的狀態。

9月27日，迦南科技開高，股價衝高至當日最高價10.31元回落，收出一根大陰線（漲幅－7.16％），主力機構借助大盤連續下跌的契機，開始挖坑打壓股價，股價持續下跌調整。

10月29日，迦南科技開高，股價探至最低價7.78元回穩回升，收出一根小陽線，成交量延續以前的縮量形態，主力機構挖坑打壓股價行情結束。

之後主力機構小幅推升股價緩慢上漲，底部逐漸抬高，K線呈紅多綠少、紅肥綠瘦的態勢，但成交量短期內仍呈逐漸萎縮狀態。**投資者完全可以在股價縮量上漲的過程中，進場逢低買進籌碼。**

11月29日，迦南科技開低，收出一個大陽線漲停板，突破前高（坑

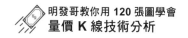

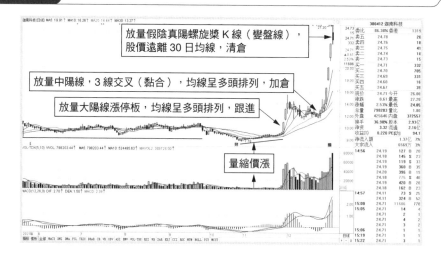

圖2-29　迦南科技（300412）2021 年 12 月 31 日的 K 線走勢圖

沿）和平台，而且成交量較前一交易日放大5倍多，形成大陽線漲停K線形態。

此時均線（除250日均線外）呈現多頭排列，MACD、KDJ等各項技術指標走強，股價的強勢特徵非常明顯，後市股價持續快速上漲的機率高。對此，**投資者可以在當日搶漲停板，或在次日加倉買進籌碼、持股待漲，待股價出現明顯見頂訊號時再賣出。**

圖2-29是迦南科技2021年12月31日收盤時的K線走勢圖，可以看出該股11月29日收出一個巨量大陽線漲停板，突破前高（坑沿）和平台，股價的強勢特徵非常明顯。

11月30日，迦南科技繼續跳空開高，再次拉出一個大陽線漲停板，留下向上突破缺口。

12月1日，迦南科技開高，股價衝高回落，收出一根螺旋槳陽K線（漲幅7.77%），主力機構展開強勢調整洗盤。像這種情況，只要回檔洗盤不回補11月30日跳空開高留下的向上突破缺口，該股的強勢特徵就不會改變，**前期進場的投資者可以持股待漲，若有獲利，也可以逢高賣**

出，待股價調整到位後，再將籌碼買回。

　　12月23日，迦南科技開低，收出一根中陽線，突破前高，股價收在所有均線上方，成交量較前一交易日明顯放大，強勢調整洗盤結束。此時，5日、10日和20日均線形成交叉（黏合），均線呈現多頭排列，MACD、KDJ等各項技術指標走強，股價強勢特徵顯現，後市股價持續快速上漲的機率較高。

　　面對這種情況，**投資者可以在當日或次日進場，加倉買進籌碼，待股價出現明顯見頂訊號時賣出。**之後主力機構展開一波快速拉升行情。

　　從拉升情況來看，主力機構採取直接拉升的操盤手法，連續拉出6根陽線（其中一根為假陰真陽K線），其中有3個大陽線漲停板。從該股底部縮量上漲以來的情況看，自10月29日坑底回穩（收盤價8.00元）算起，至12月30日（收盤價24.10元），2個月的漲幅相當可觀。

　　12月31日，迦南科技大幅跳空開高（向上跳空7.88％開盤），股價衝高回落，收出一根假陰真陽螺旋槳K線，成交量較前一交易日明顯放大，顯露主力機構利用開高、盤中拉高、高位震盪的操盤手法，吸引跟風盤進場，同時趁機出貨的意圖。

　　此時，股價遠離30日均線且漲幅大，KDJ等部分技術指標走弱，盤面顯現弱勢特徵。**投資者手中如果還有籌碼，次日應該逢高賣出。**

第 3 章

上漲初期的操作戰法：
多方力量佔據主導地位

**本章
概述**

　　個股經過強勢築底後，各項技術指標逐步走強，股價
緩慢攀升，K線走勢慢慢上行，底部逐漸抬高。此時，股
價築底完成後的上漲走勢，引起市場眾多投資者的關注，
進場資金不斷增加，成交量呈現逐步遞增的態勢。

　　隨著成交量放大，個股股價呈現上漲走勢，這種量
增價漲的量價關係，說明市場做多力量在不斷增強、做
多共識大致形成，是一種積極向上的量價關係，表示多
方力量已經佔據市場主導地位，形成一種強勢的上漲初
期量價關係。

　　但受主力機構資金面、政策面、市場面和基本面等
各方因素影響，加上市場大勢和各主力機構操盤手法的
不同，目標股票在上漲初期的量價關係表現各異。

　　例如：在大市看好、主力機構資金雄厚、基本面良
好的情況下，個股上漲初期可能會出現放大量、價大漲
的量價特徵。在平衡市中，多數會出現溫和放量、股價
逐步攀升的態勢，也可能會出現放量衝高後回落調整的
量增價漲、量縮價跌的量價特徵等。這些強勢上漲初期
量價關係的形成，預示個股走勢即將突破上行，後市可
能會出現一波比較可觀的上漲行情。

3-1

【穩步放量、股價逐漸盤升 ①】
連續收陽，看多做多逢低買進

　　上漲初期，穩步放量、股價逐步盤升，是指個股隨成交量穩定有效放大的同時，股價也同步上漲的一種量價配合關係。成交量穩定放大，股價逐步盤升，必然推動個股走勢上行。這種量增價漲的量價關係，在股價走出底部後出現，是主力機構為了吸籌增倉，同時可以吸引投資者的目光。

　　由於個股築底時間長短不同，以及主力機構控盤程度、操盤手法的不同，上漲初期穩步放量，股價逐步盤升後的K線走勢也不盡相同，但個股整體向上的趨勢不會改變。

　　對於上漲初期穩步放量，股價逐步盤升的個股，投資者應該抱持樂觀、看多做多的態度，如果在前期的築底過程中，沒有及時進場逢低買進，可以在個股放量盤升的過程中進場，逢低買進，中長線持有，待個股出現回檔洗盤特徵或明顯見頂訊號時再賣出。

　　上漲初期，穩步放量、連續收紅，是指個股經過較長時間下跌回穩後，又經過較長時間的築底，已經大致走出底部，隨著成交量放大，股價逐步向上盤升，K線走勢連續收出陽線或呈現紅多綠少、紅肥綠瘦的上升趨勢。

◎陝西金葉（000812）

　　下頁圖3-1是該股2021年11月26日收盤時的K線走勢圖，可以看出該股正處於上升趨勢中。股價從前期相對高位，2017年3月10日最高價13.88元，一路震盪下跌，至2018年10月12日最低價2.61元止跌回穩（又

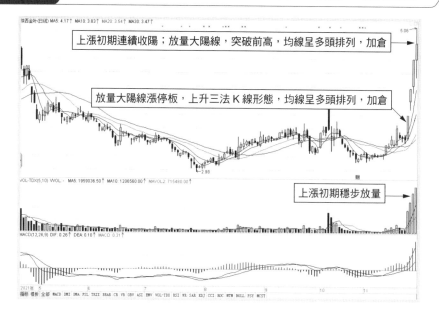

圖3-1　陝西金葉（000812）2021 年 11 月 26 日的 K 線走勢圖

稱止穩），下跌時間長且跌幅大。

　　股價止穩後，主力機構快速推升股價，收集籌碼，隨後展開大幅度橫盤震盪洗盤調整的築底行情，低買高賣，獲利與洗盤吸籌並舉。期間主力機構拉出16個漲停板，以吸籌建倉型漲停板為主。

　　2021年11月17日，個股橫盤震盪調整築底行情已有3年多，成交量極度萎縮，主力機構籌碼鎖定性較好、控盤較到位。當日該股以平盤開出，收出一根大陽線（漲幅6.80％），股價收在所有均線的上方，突破前高（坑沿），成交量較前一交易日放大2倍多。當日股價向上突破5日、60日、120日和250日均線（一陽穿4線），10日、20日、30日和90日均線在股價下方向上移動，形成蛟龍出海形態。

　　此時均線（除120日均線外）呈現多頭排列，MACD、KDJ等各項技術指標走強，股價的強勢特徵十分明顯，後市上漲的機率較高。這時，**投資者可以在當日或次日進場，分批買進籌碼。**

11月18日、19日、22日，主力機構連續強勢回檔洗盤3個交易日，收出3顆陰十字星，成交量呈極度（逐漸）萎縮狀態，正是**投資者進場買進籌碼的好時機。**

11月23日，陝西金葉開高，收出一個大陽線漲停板，突破前高，成交量較前一交易日放大7倍多，形成大陽線漲停K線形態。同時，11月17日、18日、19日、22日和23日5根K線，形成標準的上升三法K線形態。

此時均線（除120日均線外）呈現多頭排列，MACD、KDJ等各項技術指標強勢，股價的強勢特徵非常明顯，後市持續快速上漲的機率高。這時，**投資者可以在當日進場搶漲停板，或在次日進場，尋機加倉買進籌碼。**

此後主力機構連續拉出2個大陽線漲停板。該股呈現上漲初期穩步放量、股價逐步攀升、連續收紅的狀態，盤面的強勢特徵十分明顯。

11月26日，主力機構以平盤開出，收出一根大陽線（漲幅5.00％），突破4月22日的高點4.75元，成交量較前一交易日明顯放大，股價的走勢呈上漲初期穩步放量、逐步攀升的態勢。

此時均線呈現多頭排列，MACD、KDJ等各項技術指標走強，股價的強勢特徵非常明顯，後市持續快速上漲的機率高。這時，**投資者可以在當日或次日進場，加倉買進籌碼，待股價出現明顯見頂訊號時再賣出。**

下頁圖3-2是陝西金葉2021年12月21日收盤時的K線走勢圖，可以看出該股11月26日收出一根放量大陽線，突破前高，股價的強勢特徵非常明顯。之後主力機構立即展開一波快速拉升行情。

從拉升情況來看，11月29日至12月2日，主力機構連續拉出4根陽線（一根為假陰真陽十字線），其中3個漲停板。

12月3日，陝西金葉開高，股價衝高回落，收出一根大陰線，主力機構展開強勢洗盤調整。12月9日，該股開高，收出一個大陽線漲停板，股價重返5日均線上，洗盤調整結束。此後，主力機構再次展開直線快速拉升行情，至12月20日，拉出8根陽線，其中7個漲停板。

從陝西金葉初期上漲以來的情況看，自11月17日收出一根放量大陽

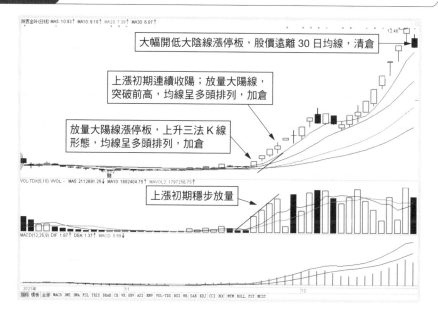

圖3-2　陝西金葉（000812）2021 年 12 月 21 日的 K 線走勢圖

線，形成蛟龍出海形態（收盤價3.61元），至12月20日收出一個錘頭陽
K線漲停板（收盤價12.46元），24個交易日的漲幅巨大。

　　12月21日，陝西金葉大幅跳空開低（向下跳空5.06％開盤），收出
一根略帶上影線的長實體跌停大陰線，顯露主力機構毫無顧忌打壓出貨
的堅決態度和兇狠手法。

　　此時股價遠離30日均線且漲幅很大，MACD、KDJ等技術指標走
弱，盤面弱勢特徵顯現。這時，**投資者如果當日手中還有籌碼，次日要
逢高賣出。**

　　其實前一交易日（12月20日），陝西金葉收出一個長下影線錘頭陽
K線漲停板，從分時走勢看，漲停板被反覆打開，且打開時間長，尾盤
封回的漲停板，意味主力機構利用大幅開高、漲停誘多、漲停板反覆打
開手法，引誘跟風盤進場，並展開大量出貨。**投資者如果在盯盤時觀察
到這一現象，就在當日以漲停價賣出手中籌碼。**

圖3-3　科士達（002518）2021 年 7 月 12 日的 K 線走勢圖

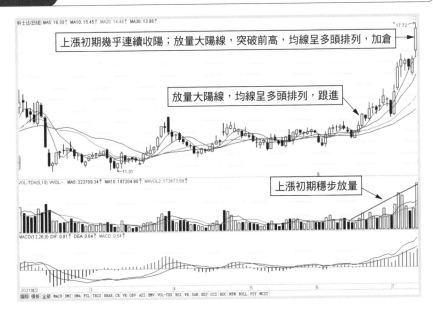

上漲初期幾乎連續收陽；放量大陽線，突破前高，均線呈多頭排列，加倉

放量大陽線，均線呈多頭排列，跟進

上漲初期穩步放量

◎科士達（002518）

　　圖3-3是該股2021年7月12日收盤時的K線走勢圖，可以看出個股正處於上升趨勢中。股價從前期相對高位，2016年4月11日最高價41.00元，一路震盪下跌，至2018年10月25日最低價5.62元止穩，下跌時間長且跌幅大。

　　股價止穩後，主力機構快速推升股價，收集籌碼，展開大幅度震盪盤升挖坑洗盤吸籌行情，低買高賣，獲利與洗盤吸籌並舉。期間主力機構拉出6個漲停板，以吸籌建倉型漲停板為主。

　　2021年6月21日，該股震盪盤升挖坑洗盤吸籌行情已2年多，成交量極度萎縮，主力機構籌碼鎖定較好、控盤較到位。當日該股以平盤開出，收出一根大陽線（漲幅3.71％），突破前高，股價收在所有均線的上方，成交量較前一交易日明顯放大。

　　此時，均線呈現多頭排列，MACD、KDJ等各項技術指標走強，股

價的強勢特徵相當明顯，後市持續上漲的機率高。這時，**投資者可以在當日或次日進場，逢低分批買進籌碼。**

之後主力機構快速向上拉升股價，個股走勢呈上漲初期穩步放量、股價逐步攀升的態勢，K線走勢呈紅多綠少，紅肥綠瘦（幾乎是連續收紅），股價的強勢特徵十分明顯。

7月12日，科士達跳空開高，收出一根大陽線（漲幅8.50％），突破2020年10月15日的高點16.90元，下跌密集成交區，成交量較前一交易日放大超過2倍，整體走勢呈現上漲初期穩步放量、股價逐步攀升的態勢。

此時均線呈現多頭排列，MACD、KDJ等各項技術指標強勢，股價的強勢特徵非常明顯，後市持續快速上漲的機率高。這時，**投資者可以在當日或次日進場，逢低加倉買進籌碼，待股價出現明顯見頂訊號時再賣出。**

圖3-4是科士達2021年8月16日收盤時的K線走勢圖，可以看出該股7月12日收出一根放量大陽線，突破前高，股價的強勢特徵非常明顯。之後主力機構展開一波快速拉升行情。

從拉升情況來看，主力機構採取快速拉升、短期強勢洗盤調整的操盤手法，拉升期間展開三次強勢洗盤調整，除拉升初期，一次4個交易日的強勢洗盤調整時間較長外，其餘兩次都是2個交易日的快速調整，整個過程幾乎是直線向上。

從初期上漲以來的情況看，自2021年6月21日收出一根放量大陽線、突破前高（收盤價13.70元），到8月13日大陽線漲停（收盤價41.38元），40個交易日的漲幅巨大。

8月16日，科士達大幅跳空開低（向下跳空－4.54％開盤），股價衝高回落，收出一根螺旋槳陰K線（高位或相對高位的螺旋槳K線又稱變盤線、轉勢線），成交量較前一交易日明顯放大，顯示主力機構已展開調整出貨。

此時，股價遠離30日均線，而且漲幅較大，KDJ等部分技術指標走弱，盤面的弱勢特徵顯現。**當日投資者手中如果還有籌碼，次日應該逢**

圖3-4　科士達（002518）2021 年 8 月 16 日的 K 線走勢圖

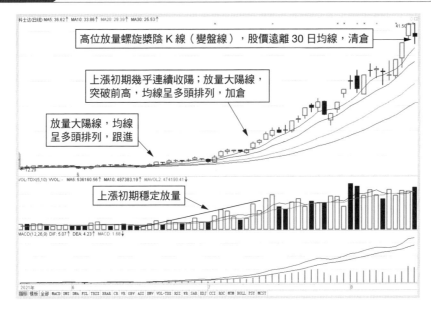

高位放量螺旋槳陰 K 線（變盤線），股價遠離 30 日均線，清倉

上漲初期幾乎連續收陽；放量大陽線，突破前高，均線呈多頭排列，加倉

放量大陽線，均線呈多頭排列，跟進

上漲初期穩定放量

高賣出。

在前2個交易日（8月12日、13日），科士達收出兩個帶下影線的錘頭陽K線漲停板（從這2個交易日的分時走勢看，都是開高震盪盤升漲停板，且漲停板被反覆打開），意味主力機構利用開高、盤中震盪盤升漲停、漲停板反覆打開的操盤手法，引誘跟風盤進場，同時大量出貨，**投資者如果在盯盤時觀察到這個現象，可以在前2個交易日逢高賣出手中的籌碼。**

3-2
【穩步放量、股價逐漸盤升 ②】
股價突破前期下跌密集成交區

上漲初期穩步放量，股價有效突破前期下跌密集成交區，是指個股經過較長時間的下跌後，又經過長時間的震盪築底，個股向上走出底部。此時主力機構籌碼較集中，控盤較到位，隨著成交量放大，股價在上漲過程中，快速突破前期下跌密集成交區，繼續展開上漲行情，正是投資者進場的最佳時機。

◎**精華製藥（002349）**

圖3-5是該股2021年12月27日收盤時的K線走勢圖，可以看出該股正處於上升趨勢中。股價從前期相對高位，2017年3月13日最高價28.09元除權除息後，一路震盪下跌，至2021年2月4日最低價3.96元止穩，下跌時間不僅長，且跌幅大，期間還有多次幅度較大的反彈。

股價止穩後，主力機構開始快速推升股價，收集籌碼，然後該股展開大幅度震盪盤升挖坑洗盤吸籌築底行情，主力機構低買高賣，獲利與洗盤吸籌並舉。這段期間主力機構共拉出6個漲停板，都是吸籌建倉型漲停板。

12月16日，該股震盪盤升挖坑洗盤吸籌築底行情持續10個多月，成交量已相當萎縮，主力機構籌碼鎖定性較好，控盤較到位。當日該股以平盤開出，收出一根中陽線（漲幅3.04％），突破前高，成交量較前一交易日放大近3倍，股價向上突破5日、10日、20日、30日和120日均線（一陽穿5線），60日和90日均線在股價上方下行，250日均線在股價下方上行，形成蛟龍出海形態。

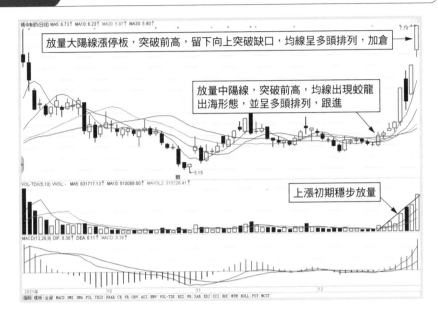

圖3-5　精華製藥（002349）2021年12月27日的K線走勢圖

此時均線（除60日、90日均線外）呈現多頭排列，MACD、KDJ等各項技術指標走強，股價的強勢特徵較明顯，後市持續上漲的機率較高。這時，**投資者可以在當日或次日進場，分批買進籌碼**。之後股價連續上行收出3根小陽線，成交量呈放大狀態，**是投資者進場的好時機**。

12月22日，精華製藥以平盤開出，收出一個大陽線漲停板，突破前高，成交量較前一交易日放大2倍多，形成大陽線漲停K線形態。此時均線呈現多頭排列，MACD、KDJ等各項技術指標走強，股價的強勢特徵十分明顯，後市持續上漲的機率高。這時，**投資者可以在當日搶漲停板，或在次日進場加倉買進籌碼**。

次日，主力機構調整一個交易日，**是投資者進場逢低買進籌碼的好時機**。24日，該股開高，收出一個放量大陽線漲停板，股價強勢特徵十分明顯。

12月27日，精華製藥向上跳空開高，收出一個大陽線漲停板，突破

前高（2020年2月7日、7月24日和2021年9月8日三波下跌密集成交區），留下向上突破缺口，成交量較前一交易日明顯放大，形成向上突破缺口和大陽線漲停K線形態，K線走勢呈現上漲初期穩步放量、逐步攀升的態勢。

此時均線呈現多頭排列，MACD、KDJ等各項技術指標走強，股價強勢特徵非常明顯，後市持續快速上漲的機率非常高。這時，**投資者可以在當日搶漲停板，或在次日進場加倉買進籌碼，待股價出現明顯見頂訊號時再賣出。**

圖3-6是精華製藥2022年1月18日收盤時的K線走勢圖，可以看出該股12月27日收出一個放量大陽線漲停板，股價的強勢特徵非常明顯。之後主力機構快速向上拉升股價。

從拉升情況來看，主力機構採取快速拉升、短期強勢洗盤調整的操盤手法，期間只展開一次4個交易日的強勢洗盤調整。自2021年12月16日收出一根放量中陽線、均線形成蛟龍出海形態開始，至2022年1月17日，23個交易日共拉出20根陽線，其中12個漲停板（4個一字漲停板、2個T字漲停板、2個小陽線漲停板、4個大陽線漲停板），股價從5.77元上漲到16.09元，漲幅非常大。

2022年1月18日，精華製藥漲停開盤，收出一個假陰真陽錘頭K線（高位或相對高位的錘頭線又稱上吊線、吊頸線），成交量較前一交易日放大64倍多，意味主力機構已展開調整出貨（當日分時走勢也能看出，開盤後漲停板反覆打開封回。11：04漲停板打開後，主力機構展開高位震盪整理出貨，至收盤漲停板沒有封回，收盤漲幅6.90％）。

此時股價遠離30日均線且漲幅大，KDJ等部分技術指標走弱，盤面弱勢特徵顯現。這種情況，**投資者手中如果還有籌碼，次日應該逢高賣出，或繼續追蹤觀察。**

◎天音控股（000829）

下頁圖3-7是該股2021年8月3日收盤時的K線走勢圖，可以看出個股正處於上升趨勢中。股價從前期相對高位，2016年7月19日最高價

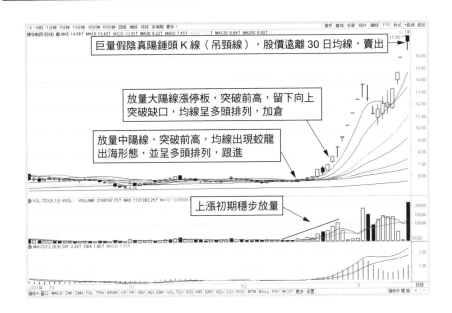

圖3-6　精華製藥（002349）2022 年 1 月 18 日的 K 線走勢圖

15.79元，一路震盪下跌，至2019年1月31日最低價4.54元止穩，下跌時間長且跌幅大，期間有過多次幅度較大的反彈。

　　股價止穩後，主力機構開始快速推升股價，收集籌碼，然後該股展開大幅度震盪盤升挖坑洗盤吸籌築底行情，主力機構低買高賣，獲利與洗盤吸籌並舉。這段期間主力機構總共拉出14個漲停板，以吸籌建倉型漲停板為主。

　　2021年7月30日，天音控股震盪盤升挖坑洗盤吸籌築底行情2年半後，此時成交量相當萎縮，主力機構籌碼鎖定較好、控盤較到位。當日該股以平盤開出，收出一根大陽線（漲幅8.81％），突破前高，成交量較前一交易日明顯放大，股價向上突破5日、10日、20日、30日和60日均線（一陽穿5線），90日、120日均線在股價下方向上移動，250日均線在股價下方下行，形成蛟龍出海形態。

　　此時均線（除250日均線外）呈現多頭排列，MACD、KDJ等各項

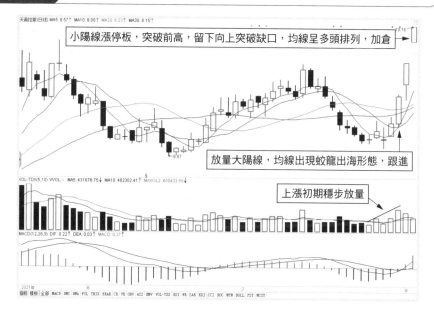

圖3-7　天音控股（000829）2021 年 8 月 3 日的 K 線走勢圖

技術指標走強，股價強勢特徵較為明顯，後市持續上漲的機率較高。這時，**投資者可以在當日或次日進場逢低分批買進籌碼。**

8月2日，天音控股大幅開高（向上跳空3.57％開盤），收出一個大陽線漲停板，突破前高（坑沿），成交量較前一交易日略萎縮（漲停原因），形成大陽線漲停K線形態。

此時均線呈現多頭排列，MACD、KDJ等各項技術指標走強，股價強勢特徵明顯，後市持續上漲機率高。這時，**投資者可以在當日搶漲停板，或在次日進場加倉買進籌碼。**

8月3日，天音控股繼續大幅開高（向上跳空5.74％開盤），收出一個小陽線漲停板，突破前高（2020年7月23日、11月17日和2021年5月26日3波下跌密集成交區），留下向上突破缺口，成交量較前一交易日略為萎縮，形成向上突破缺口和小陽線漲停K線形態，股價走勢呈現上漲初期穩步放量、逐步攀升狀態。

圖3-8　天音控股（000829）2021年9月3日的K線走勢圖

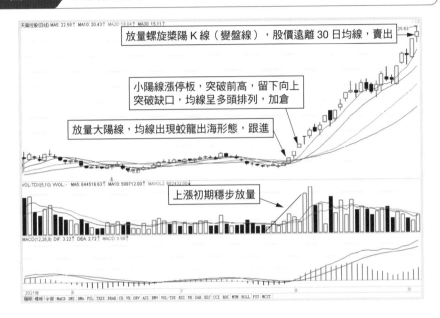

此時均線呈現多頭排列，MACD、KDJ等各項技術指標強勢，股價強勢特徵非常明顯，後市持續快速上漲的機率非常高。這時，**投資者可以在當日搶漲停板，或在次日進場加倉買進籌碼，待股價出現明顯見頂訊號時賣出**。

圖3-8是天音控股2021年9月3日收盤時的K線走勢圖，可以看出8月3日主力機構拉出一個縮量小陽線漲停板，突破前高，留下向上突破缺口，形成向上突破缺口和小陽線漲停K線形態，均線呈多頭排列，股價的強勢特徵非常明顯。之後主力機構展開一波快速拉升行情。

從拉升情況來看，主力機構採取穩紮穩打、步步為營的操盤手法，每隔2、3個交易日就展開一次強勢調整洗盤，穩步向上推升股價，期間共展開五次強勢調整，但幅度都不大，整體走勢強勁。

從天音控股初期上漲以來的情況看，26個交易日共拉出18根陽線，其中8個漲停板（1個T字漲停板、2個小陽線漲停板、5個大陽線漲停

板），股價自7月30日收出一根放量大陽線、均線形成蛟龍出海（收盤價8.40元），上漲到9月3日收出一根螺旋槳陽K線（收盤價24.84元），漲幅非常可觀。

9月3日，天音控股跳空開高，收出一根螺旋槳陽K線，成交量較前一日明顯放大，顯露主力機構利用開高、盤中大幅震盪手法，吸引跟風盤進場，並展開出貨的跡象。

此時，股價遠離30日均線且漲幅大，KDJ等部分技術指標走弱，盤面弱勢特徵顯現。**當日投資者手中若有籌碼，次日應該逢高賣出。**

3-3 【放巨量、股價快速脫離成本區 ①】
股價上漲，因為主力拉高買進門檻

　　上漲初期，放巨量股價快速脫離成本區，是指個股經過較長時間的築底，成交量極度萎縮時，主力機構透過放巨量（一般是對敲或對倒），急速拉升股價脫離成本區，讓已經獲利的投資者離場，想獲利的投資者進場，以調倉換股，並且拉高其他投資者的入場成本。

　　放巨量急速拉升股價脫離成本區，是一種量增價漲同步配合的關係，這種量增價漲的量價關係，在個股築底大致完成後出現，是主力機構為了確保底部倉位安全，以及吸引市場注意。

　　由於個股築底時間長短、主力機構控盤程度及操盤手法的不同，上漲初期放巨量，急速拉升股價脫離成本區後的K線走勢也不盡相同，但個股整體向上的趨勢不會改變。

　　對於上漲初期，放巨量股價快速上漲的個股，投資者應該要抱持樂觀看多做多的心態，如果前期築底過程中沒有逢低進場，可以在個股放巨量急速拉升股價時進場，中長線持有，待個股出現明顯見頂訊號時再賣出。

　　上漲初期放巨量，股價快速脫離成本區上漲，是指個股經過較長時間下跌回穩後，又經過較長時間的築底，股價大致走出底部，此時主力機構籌碼鎖定較好，控盤較到位，某個交易日（或借助利多消息）採取對敲或對倒放量、開高走高、快速拉高的操盤手法，以拉抬股價快速脫離成本區。

　　多數情況下，主力機構都是採取開高走高、連續漲停的方式，快速脫離成本區上漲，以吸引市場眼球，引起跟風效應。許多投資者眼看漲

停板不好追，就想等股價回檔時再買進，但到目標股票最後出現買進機會時，股價已到高位。

這時，投資者可以在個股放巨量急速拉升股價的當日或後期，視情況尋機買進籌碼，例如：在集合競價時提前掛買單排隊等候買進，或在個股漲停板打開時快速掛單買進。

◎中潤資源（000506）

圖3-9是該股2021年7月14日收盤時的K線走勢圖，可以看出該股正處於高位下跌、橫盤震盪整理後的反彈趨勢中。股價從前期相對高位，2019年6月25日最高價4.55元，一路震盪下跌，至2021年1月29日最低價1.92元止穩，下跌時間長、下跌幅度大，而且期間出現過多次幅度較大的反彈。

股價止穩後，主力機構經過短暫的強勢整理，開始推升股價，並收集籌碼，然後展開橫盤震盪洗盤吸籌行情，成交量呈現間斷性萎縮的狀態。

7月5日，橫盤震盪洗盤吸籌行情半年後，當日該股平盤開出收出一根大陽線（收盤漲幅4.33％），突破前高和平台，成交量較前一交易日放大近4倍（屬巨量），股價向上突破5日、10日、20日、30日、60日、90日和120日均線（一陽穿7線），250日均線在股價上方下行，形成蛟龍出海形態。

此時均線系統較弱，只有5日、10日和60日均線向上移動，但MACD、KDJ等各項技術指標走強，股價強勢特徵顯現，後市上漲的機率較高。這時，**投資者可以在當日或次日進場，逢低分批買進籌碼。**之後股價震盪上行，連續收出多根小陽線（十字星），**正是投資者進場逢底分批買進籌碼的好時機。**

7月14日，中潤資源開低，收出一個大陽線漲停板，突破前高和平台，快速脫離成本區，成交量較前一交易日放大4倍多（屬巨量漲停），形成大陽線漲停K線形態。

此時均線（除250日均線外）呈現多頭排列，MACD、KDJ等各項

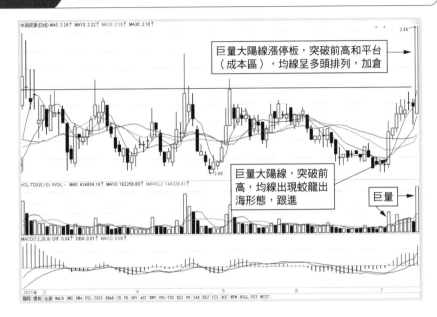

圖3-9　中潤資源（000506）2021年7月14日的K線走勢圖

技術指標走強，股價強勢特徵非常明顯，後市持續快速上漲機率高。這時，**投資者可以在當日搶漲停板，或在次日進場加倉買進籌碼，待股價出現明顯見頂訊號時賣出。**

　　下頁圖3-10是中潤資源2021年7月22日收盤時的K線走勢圖，可以看出該股7月14日收出一個巨量大陽線漲停板，快速脫離成本區後，主力機構展開一波急速拉升行情。

　　從拉升情況來看，主力機構採取直線拉升、急速拔高的操盤手法，迅速向上拉升股價，至7月21日，一口氣拉出5個漲停板（投資者如果7月14日巨量漲停當天沒有買進，隔天集合競價時視情況掛買單排隊，應該也能如願買進）。

　　從中潤資源快速脫離成本區後的上漲情況來看，股價自7月14日放巨量漲停、快速脫離成本區（收盤價2.46元），上漲到7月21日小陽線漲停板（收盤價3.97元），6個交易日的漲幅非常可觀。

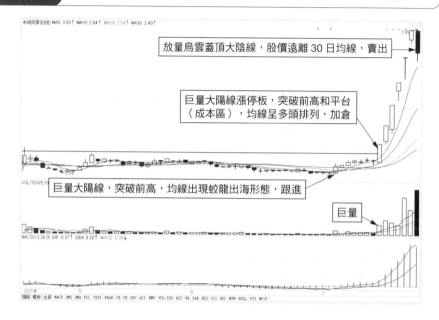

圖3-10　中潤資源（000506）2021 年 7 月 22 日的 K 線走勢圖

7月22日，主力機構以平盤開出，收出一根長實體帶下影線的烏雲蓋頂大陰線（常見看跌反轉訊號），成交量較前一交易日放大近2倍，顯示主力機構開始在高位展開大量出貨的跡象。此時股價遠離30日均線且漲幅大，KDJ等部分技術指標走弱，盤面弱勢特徵顯現。**投資者手中如果還有籌碼，次日應該逢高賣出。**

圖3-11是中潤資源14日放巨量漲停快速脫離成本區，次日大陽線漲停板的分時截圖（開盤後至9：35）。從這5分多鐘的截圖可以看到，該股當天開高走高，9：35封上漲停板。從盤面來看，開盤後成交十分活躍，成交量極具放大。

從盤面右邊9：34至9：35的成交明細，可以看出剛漲停時，成千上萬手的賣盤不少。除了開盤5分鐘放巨量之外，當天10：06、10：31、13：01和14：53左右都有大量成交，盤面底部分時量柱形成小量堆，投資者只要是集合競價後視情況快速掛買單跟進，當天應該都能成功買

| 圖3-11 | 中潤資源（000506）2021 年 7 月 15 日的分時截圖 |

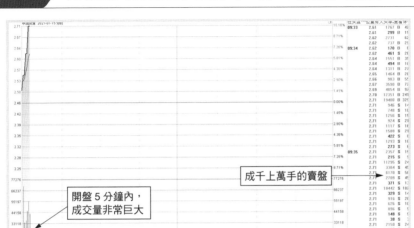

進。如果當天沒有買進，也可以在次日集合競價一開始，就直接以漲停價掛買單排隊，就有買進的希望。

◎龍津藥業（002750）

下頁圖3-12是該股2021年12月22日收盤時的K線走勢圖，可以看出該股正處於高位下跌後的反彈趨勢中。龍津藥業在2019年3月中旬前，有過一波大幅快速拉升。股價從前期相對高位，2019年4月12日的高價23.52元，一路震盪下跌，至2021年10月28日最低價6.79元止穩，下跌時間長且跌幅大，期間有過多次幅度較大的反彈。

股價止穩後，主力機構開始推升股價，收集籌碼，展開震盪盤升洗盤吸籌行情，K線走勢紅多綠少，紅肥綠瘦，個股走勢向上走出底部，主力機構籌碼趨於集中。

12月22日，龍津藥業開低，收出一個大陽線漲停板，突破前高，快速脫離成本區，成交量較前一交易日放大近5倍（屬巨量漲停），形成大陽線漲停K線形態。

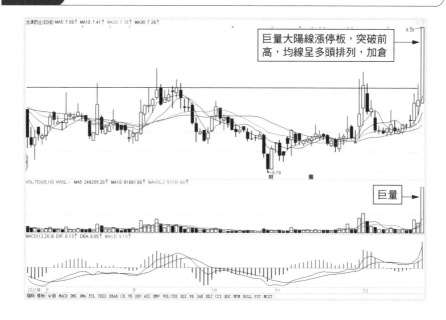

圖3-12 龍津藥業（002750）2021 年 12 月 22 日的 K 線走勢圖

此時均線（除250日均線外）呈現多頭排列，MACD、KDJ等各項技術指標走強，股價強勢特徵十分明顯，後市持續快速上漲機率高。這時，**投資者可以在當日搶漲停板，或在次日進場加倉買進籌碼，待股價出現明顯見頂訊號時再賣出。**

圖3-13是龍津藥業2022年1月13日收盤時的K線走勢圖，可以看出該股12月22日收出一個巨量大陽線漲停板、突破前高、快速脫離成本區後，主力機構展開一波快速拉升行情。

從拉升情況來看，主力機構先是採取直線拉升、急速拔高的操盤手法，迅速向上拉升股價，一口氣拉出9個漲停板，投資者如果在巨量漲停當天沒有進場買進，12月23日集合競價後，視情況掛買單跟進，應該能夠如願買到。2022年1月6日，該股幾乎跌停開盤（向下跳空−9.38％開低），收出一根長上影線陽K線，主力機構展開強勢回檔縮量洗盤。

1月10日，龍津藥業收出一根放量中陽線，表示強勢回檔洗盤結

圖3-13　龍津藥業（002750）2022 年 1 月 13 日的 K 線走勢圖

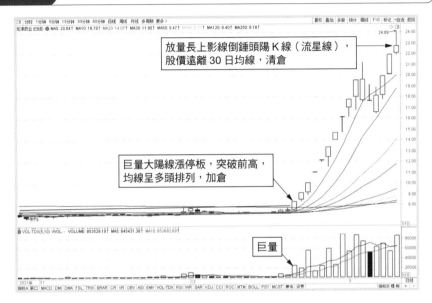

束，股價重拾升勢，11日、12日，主力機構又連續拉出2個大陽線漲停板。從K線走勢看，拉升過程順暢，一共拉出12個漲停板（1個一字漲停板、2個T字漲停板、2個小陽線漲停板、5個大陽線漲停板、2個長下影線陽線漲停板）。

　　從龍津藥業快速脫離成本區後的情況來看，股價自12月22日放巨量漲停、快速脫離成本區（收盤價8.28元），上漲到1月12日大陽線漲停板（收盤價21.90元），15個交易日的漲幅巨大。

　　1月13日，龍津藥業開高，股價衝高回落，收出一根長上影線倒錘頭陽K線，成交量較前一交易日大幅放大。從當日分時走勢看，9：46瞬間觸及漲停板，14：05漲停後瞬間被大賣單砸開，此後漲停板打開、漲停反覆多次。

　　14：12封回漲停板，14：55被大賣單砸開（屬主力機構在尾盤馬上收盤時，趁其他投資者心情放鬆、精神鬆懈時突然砸盤出貨），股價大

圖3-14　龍津藥業（002750）2021 年 12 月 23 日的分時截圖

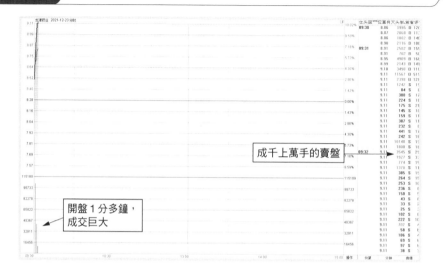

幅回落，成交量迅速放大，顯露主力機構利用開高、盤中拉高、高位震盪、漲停以及打開漲停板等手法，引誘跟風盤進場，大量出貨。

此時，股價遠離30日均而線且漲幅大，KDJ等部分技術指標走弱，盤面的弱勢特徵顯現。這時，**投資者手中如果還有籌碼，次日應該逢高清倉。**

圖3-14是龍津藥業22日放巨量漲停、快速脫離成本區，次日大陽線漲停板的分時截圖（開盤後至9：32）。從分時走勢看，該股當天開高走高，約9：31封上漲停板，從這1分多鐘的分時走勢看，開盤後成交量非常大。

從盤面右邊9：31至9：32的成交明細也可以看出，剛漲停時，成千上萬手的賣盤不少，除了開盤1分多鐘成交量迅速放大外，當日9：42、10：20、10：33、10：41和13：00左右都有大量成交，盤面底部分時量柱形成小量堆。**投資者只要在集合競價時視情況掛買單跟進，當天應該都能成功買進，也可以在次日集合競價時視情況掛買單跟進。**

3-4 【放巨量、股價快速脫離成本區 ②】 隨後主力展開強勢調整，吸引跟風盤

　　上漲初期，放巨量股價快速脫離成本區後，強勢調整，是指個股經過長時間下跌回穩後，又經過長時間的震盪築底，股價大致走出底部，主力機構已經完成大部分籌碼的建倉工作，某個交易日採取開高走高、放巨量拉升股價的操盤手法，拉抬股價快速脫離成本區，並且展開強勢調整行情。

　　一般情況下，即使主力機構目標股票籌碼鎖定較好、控盤大致到位，依然會採取開高走高、連續放量漲停的方式拉升股價，快速脫離成本區，然後展開強勢調整（尤其主力機構將股價拉升至前期下跌密集成交區時，個股展開強勢調整的可能性很高），主要目的是震盪洗盤、調倉換股，吸引跟風盤，拉高其他投資者的進場成本。

　　實現強勢調整的意圖後，主力機構仍然會放量突破平台，快速拉升股價，吸引市場注意，引誘跟風盤進場。強勢調整縮量時或突破平台時，就是投資者進場的最佳時機。

◎財信發展（000838）

　　下頁圖3-15是該股2021年12月8日收盤時的K線走勢圖，可以看出個股正處於上升趨勢中。股價從前期相對高位，2019年4月16日最高價5.22元，一路震盪下跌，至2021年2月4日最低價2.30元止穩，下跌時間長且跌幅大，期間有過多次幅度較大的反彈。

　　股價止穩後，主力機構快速推升股價，收集籌碼，然後該股展開大幅震盪盤升行情，主力機構低買高賣賺取價差，獲利與洗盤吸籌並舉，

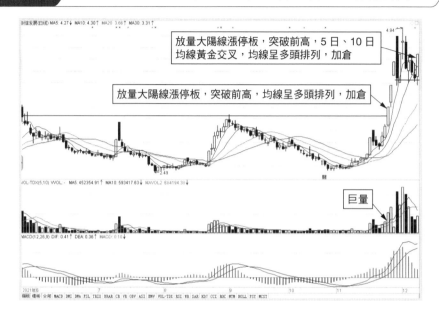

圖3-15　財信發展（000838）2021 年 12 月 8 日的 K 線走勢圖

考驗投資者的耐力，個股走勢整體向上，主力機構籌碼趨於集中，期間主力機構拉出6個大陽線漲停板，以吸籌建倉型漲停板為主。

11月16日，財信發展開低，收出一個大陽線漲停板，突破前高，而且成交量相較前一交易日放大近4倍（屬巨量），形成大陽線漲停K線形態。當日的股價向上突破5日、60日、90日、120日和250日均線（一陽穿5線），10日、20日和30日均線在股價下方向上移動，形成蛟龍出海形態。

此時均線（除120日均線外）呈現多頭排列，MACD、KDJ等各項技術指標走強，股價強勢特徵顯現，後市上漲機率高。這時，**投資者可以在當日或次日進場，分批買進籌碼。**

11月17日、18日、19日，主力機構強勢調整3個交易日，成交量呈現逐漸萎縮狀態，**正是投資者進場逢底分批買進籌碼的好時機。** 22日、23日，該股連續收出2根放量大陽線，且收盤收在所有均線上方，強勢

特徵相當明顯。

11月24日，財信發展跳空開高，收出一個大陽線漲停板，突破前高，快速脫離成本區，成交量較前一交易日放大近2倍（屬巨量漲停），形成大陽線漲停K線形態。

此時均線呈現多頭排列，MACD、KDJ等各項技術指標走強，股價強勢特徵十分明顯，後市持續快速上漲的機率高。這時，**投資者可以在當日搶漲停板，或是在次日進場加倉買進籌碼**。之後，該股展開快速拉升行情。

11月29日，該股漲停開盤，股價直接回落收出一根大陰線，成交量較前一交易日大幅放大，主力機構展開強勢回檔洗盤，過程中成交量呈逐漸萎縮狀態。

12月8日，強勢縮量調整洗盤7個交易日後，財信發展跳空開高，收出一個大陽線漲停板，突破前高，股價回到5日、10日均線上方，成交量較前一交易日明顯放大，形成大陽線漲停K線形態，強勢調整洗盤結束，股價重拾升勢。

此時5日、10日均線形成黃金交叉，均線（除5日均線外）呈現多頭排列，MACD、KDJ等各項技術指標走強，股價強勢特徵非常明顯，後市持續快速上漲機率高。這時，**投資者可以在當日搶漲停板，或是在次日進場加倉買進籌碼，待股價出現明顯見頂訊號時再賣出**。

下頁圖3-16是財信發展2021年12月21日收盤時的K線走勢圖，可以看出該股12月8日收出一個放量大陽線漲停板，突破前高，均線呈多頭排列，表示強勢調整洗盤結束，股價重拾升勢，主力機構開啟第二波拉升行情。

從拉升情況來看，主力機構採取直線拉升、盤中洗盤、急速拔高的操盤手法，迅速向上拉升股價，至12月21日，9個交易日拉出7個漲停板（12月8日大陽線漲停板後，次日主力機構強勢調整1個交易日，當日開高收出一顆十字星，**正是投資者進場的最佳時機**。

從財信發展強勢調整結束後的上漲情況來看，自12月8日跳空開高收出一個大陽線漲停板（收盤價4.49元），上漲到12月21日收出一根長

図3-16　財信發展（000838）2021 年 12 月 21 日的 K 線走勢圖

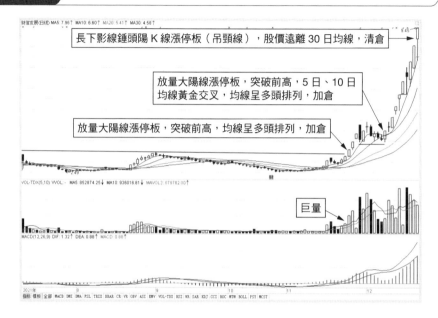

下影線錘頭陽K線漲停板（收盤價9.45元），9個交易日的漲幅非常不錯。如果從上漲初期放巨量股價快速脫離成本區，即11月24日大陽線漲停板（收盤價3.60元）起算，漲幅更大。

12月21日，財信發展跳空開高，收出一個長下影線錘頭陽K線漲停板，成交量較前一交易日萎縮。

從當日分時走勢看，該股大幅開高後，股價急速回落，下跌幅度較深，然後迅速拐頭向上衝高，展開高位震盪整理，13：10封上漲停板至收盤，高位震盪整理的時間長、封板時間較晚，代表主力機構利用開高、高位震盪、漲停誘多等手法，引誘跟風盤進場並展開出貨。

這個時候，股價遠離30日均線且漲幅大，KDJ等部分技術指標走弱，盤面的弱勢特徵開始顯現。**投資者手中如果還有籌碼，次日應該逢高賣出。**

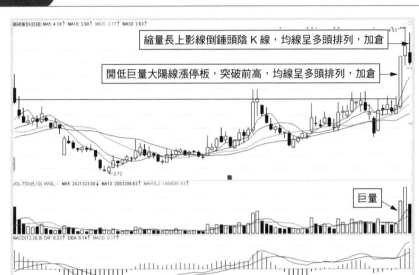

圖3-17　新研股份（300159）2021年8月9日的K線走勢圖

◎新研股份（300159）

　　圖3-17是該股2021年8月9日收盤時的K線走勢圖，可以看出個股正處於上升趨勢中。股價從前期相對高位，2020年9月9日的最高價7.53元，一路震盪下跌，至2021年2月8日的最低價2.63元止穩，下跌時間雖然不長，但跌幅大，期間還有過一次幅度較大的反彈。

　　股價止穩後，主力機構快速推升股價，收集籌碼。然後該股展開大幅震盪盤升行情，主力機構低買高賣賺取價差，獲利與洗盤吸籌並舉，折磨和考驗投資者的信心，個股走勢整體向上，K線走勢呈紅多綠少，紅肥綠瘦的態勢，主力機構籌碼趨於集中，期間主力機構拉出2個大陽線漲停板，屬於吸籌建倉型漲停板。

　　8月5日，新研股份開低，收出一個大陽線漲停板（中國為20％漲幅），突破前高，快速脫離成本區，成交量較前一交易日放大3倍多（屬巨量漲停），形成大陽線漲停K線形態。此時均線（除250日均線

外）呈現多頭排列，MACD、KDJ等各項技術指標走強，股價強勢特徵相當明顯，後市股價快速上漲機率高。

這時，**投資者可以在當日搶漲停板，或在次日進場加倉買進籌碼。**次日該股跳空開高，股價衝高回落，收出一根放量螺旋槳陽K線，主力機構展開強勢調整洗盤。

8月9日，新研股份開低，股價衝高回落，又調整一個交易日，收出一根長上影線倒錘頭陰K線（中低位的倒錘頭K線可稱為仙人指路），股價仍收在所有均線的上方，成交量較前一交易日大幅萎縮，顯示強勢調整結束，主力機構調整洗盤已大致到位，即將開啟第二波拉升行情。

此時均線（除250日均線外）呈現多頭排列，MACD等技術指標走強，股價的強勢特徵相當明顯，後市持續快速上漲的機率高。這時，**投資者可以在當日或次日進場，加倉買進籌碼，待股價出現明顯見頂訊號時再賣出。**

圖3-18是新研股份2021年8月20日收盤時的K線走勢圖，可以看出該股8月9日收出一根縮量長上影線倒錘頭陰K線，成交量較前一交易日大幅萎縮，表示強勢調整結束，主力機構即將開啟第二波拉升行情。

從拉升情況來看，主力機構依託5日均線快速拉升股價，8月10日、11日連續拉出2個大陽線漲停板。12日再一次展開強勢調整洗盤，16日調整結束，股價重啟升勢，加速上漲，整個拉升過程順暢。

從8月5日新研股份跳空開高，收出一個大陽線漲停板、突破前高、快速脫離成本區（收盤價4.49元），上漲到20日（收盤價7.90元），12個交易日的漲幅非常不錯。

8月20日，新研股份大幅開低（向下跳空－3.55％開盤），股價衝高回落，收出一顆假陽真陰十字星（高位或相對高位十字星又稱黃昏之星；高位假陽真陰，千萬小心），成交量較前一交易日萎縮，代表主力機構展開高位調整出貨。此時股價遠離30日均線且漲幅大，KDJ等部分技術指標走弱，盤面弱勢特徵顯現。**當日投資者手中如果還有籌碼，次日應該逢高清倉。**

| 圖3-18 | 新研股份（300159）2021 年 8 月 20 日的 K 線走勢圖 |

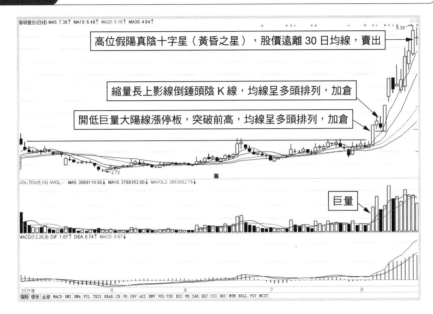

高位假陽真陰十字星（黃昏之星），股價遠離 30 日均線，賣出

縮量長上影線倒錘頭陰 K 線，均線呈多頭排列，加倉

開低巨量大陽線漲停板，突破前高，均線呈多頭排列，加倉

巨量

【放量、股價快速上漲衝高後回檔 ①】
小幅回檔強勢洗盤，
回落至上漲升幅的50%

　　上漲初期，放量股價快速上漲，衝高回檔強勢洗盤，是指個股經過較長時間的震盪盤升築底，主力機構控盤已經比較到位，然後放量開啟初期快速上漲行情（可能是主力機構對敲或對倒），急速拉升股價，使其脫離成本區，在抵達前期下跌密集成交區時（可能借助大盤下跌的勢頭），股價衝高回檔展開強勢洗盤行情。

　　在上漲初期，主力機構展開衝高回檔強勢洗盤的目的，是為清洗獲利籌碼，達到調倉換股、拉高其他投資者入場成本、減輕後期拉升壓力。放量快速上漲衝高回檔強勢洗盤，是由一種量增價漲，轉變為另種量縮價跌的同步配合關係。

　　由於個股築底時間長短、主力機構控盤程度、操盤手法的不同，上漲初期放量快速上漲，股價衝高回檔的幅度不盡相同，強勢洗盤後上漲的K線走勢也不一樣，但是目標股票的整體向上趨勢不會改變，除非大盤風向突變，使得主力機構不得不臨時調整操盤策略。

　　一般情況下，主力機構會充分利用股價衝高回檔強勢洗盤的時機，開始低買高賣，降低持股成本，增補部分倉位。主力機構籌碼鎖定好、控盤到位的目標股票，股價衝高回檔幅度不會太大；籌碼集中度尚可、控盤一般的目標股票，股價衝高回檔的幅度則會大一些。

　　主力機構在股價衝高回檔洗盤的意圖實現後，會放量（對敲或對倒）快速拉升股價，使個股走出坑底。股價衝高回檔至坑底大幅縮量止跌回升，或股價突破坑沿時，就是投資者進場的最佳時機，買進後可持股待漲，待個股出現明顯見頂訊號時再賣出。

　　不過，投資者需注意，上漲初期放量快速上漲，股價衝高回檔強勢洗盤後的買進，屬於短線操作行為。股價回檔至坑底止穩後的第一個漲停板值得重點關注，這是主力機構快速拉升的前奏。另外，一定要做好停損準備，一旦回檔，尤其是深幅回檔並創出新低，已經進場的投資者，要考慮先停損離場，或是繼續追蹤觀察。

　　放量快速上漲股價，衝高後小幅回檔強勢洗盤，是指個股經過較長時間下跌回穩和震盪築底後，主力機構放量快速拉升股價，至一定高度（一般是抵達前期下跌密集成交區）後，展開小幅調整強勢洗盤，幅度一般回落至啟動上漲後升幅一半（即50％）左右的位置。

　　雖然是衝高後的小幅回檔，但一般來說，投資者很難預見回檔的幅度有多深。以短線操盤而言，已經有獲利的投資者還是應該趁衝高回落時，先賣出手中籌碼，落袋為安，待回檔洗盤結束、出現回穩訊號時再擇機跟進。

◎金洲管道（002443）

　　下頁圖3-19是金洲管道2021年12月13日收盤時的K線走勢圖，可以看出個股正處於上升趨勢中。股價從前期相對高位，2020年10月19日最高價8.29元，一路震盪下跌，至2021年2月8日最低價5.42元止穩，下跌時間不長，但跌幅較大，期間有過一次較大幅度的反彈。股價止穩後，主力機構快速推升股價、收集籌碼，K線走勢呈現紅多綠少、紅肥綠瘦的態勢。

　　9月10日，金洲管道跳空開高，股價衝高回落，收出一根長上影線倒錘頭陰K線，主力機構展開回檔洗盤行情，至10月28日最低價5.43元股價止穩，當日收出一顆陰十字星（底部或低位十字星又稱早晨之星）。之後，主力機構再次向上推升股價，收集籌碼，K線走勢再現紅多綠少、紅肥綠瘦的態勢，主力機構籌碼趨於集中。

　　11月30日，金洲管道跳空開高，收出一根大陽線（漲幅3.63％），突破前高，成交量較前一交易日放大2倍多。當日股價向上突破5日、10日、60日、90日和120日均線（一陽穿5線），20日、30日均線在股價下

図3-19　金洲管道（002443）2021 年 12 月 13 日的 K 線走勢圖

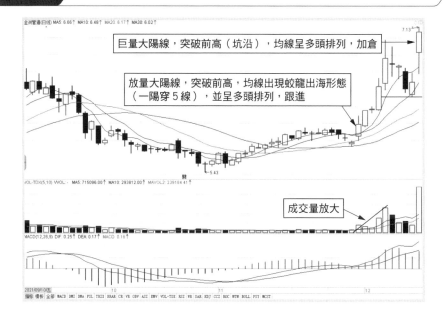

方向上移動，250日均線在股價上方下行，形成蛟龍出海形態。

　　此時短期均線呈現多頭排列，MACD、KDJ等各項技術指標走強，股價強勢特徵顯現，後市快速上漲機率高。這時，**投資者可以在當日或次日進場，逢低分批買進籌碼**。之後主力機構快速向上推升股價，成交量同步放大。

　　12月7日，金洲管道開低，股價衝高回落，收出一根陰十字星，主力機構展開上漲初期放量快速上漲後的縮量回檔洗盤。回檔洗盤展開後，**投資者可以先賣出手中籌碼，待回檔洗盤到位後再將籌碼買回，也可以視情況持股待漲**。

　　12月10日，金洲管道回檔洗盤至坑底止穩，收出一根帶上影線的小陽線，成交量較前一交易日萎縮，回檔幅度基本為11月30日放量上漲後升幅的一半左右。

　　12月13日，金洲管道大幅開高（向上跳空5.40％開盤），收出一根

| 圖3-20 | 金洲管道（002443）2022 年 1 月 7 日的 K 線走勢圖 |

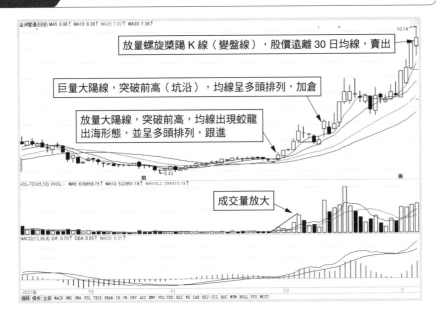

大陽線（當日盤中漲停時間較長），突破前高（坑沿），成交量較前一交易日放大近6倍，回檔洗盤結束，股價重拾升勢。

此時均線（除250日均線外）呈現多頭排列，MACD、KDJ等技術指標走強，股價強勢特徵相當明顯，後市持續快速上漲機率高。這時，**投資者可以在當日或次日進場，加倉買進籌碼，待股價出現明顯見頂訊號時再賣出。**

圖3-20是金洲管道2022年1月7日收盤時的K線走勢圖，可以看出該股12月13日收出一根巨量大陽線，突破前高（坑沿），股價強勢特徵相當明顯。之後，主力機構重啟拉升行情。

從拉升情況來看，主力機構依託5日均線快速拉升股價。12月17日，再次展開強勢調整洗盤行情，此次調整時間較長，回檔洗盤展開後，**投資者可以先賣出手中籌碼，待回檔洗盤到位後再將籌碼買回，也可以視情況持股待漲。**

2022年1月4日，金洲管道收出一個大陽線漲停板，突破前高和回檔洗盤整理平台，再啟升勢，加速上漲，整體拉升過程很順暢。從12月13日該股開高收出一根大陽線、突破前高（收盤價7.07元），到2022年1月7日（收盤價9.77元），19個交易日的漲幅較大。

1月7日，金洲管道開低，收出一根螺旋槳陽K線，成交量較前一交易日放大，代表主力機構展開高位調整出貨。此時股價遠離30日均線且漲幅較大，KDJ等部分技術指標走弱，盤面弱勢特徵顯現。**當日投資者手中如果還有籌碼，次日應該逢高賣出。**

◎福然德（605050）

圖3-21是該股2021年12月9日收盤時的K線走勢圖。該股是2020年9月24日上市的次新股，上市後沒有大幅炒作過，最高價上漲至上市次日的17.27元，然後一路震盪下跌，至2021年11月1日最低價10.01元止穩，下跌時間較長且跌幅較大，期間有過多次幅度較大的反彈。股價止穩後，主力機構開始向上推升股價，收集籌碼，K線走勢呈紅多綠少、紅肥綠瘦的態勢。

11月16日，福然德漲停開盤，收出一個一字漲停板，留下向上突破缺口，形成向上突破缺口和一字漲停K線形態，然後主力機構展開強勢橫盤整理洗盤吸籌。期間股價沒有完全回補當日留下的向上突破缺口，盤面強勢特徵依舊。

11月29日，福然德開低，收出一根長下影線光頭中陽線，突破前高和平台，成交量較前一交易日放大2倍多，表示強勢橫盤整理洗盤吸籌行情結束。

此時均線（除250日均線外）呈現多頭排列，MACD、KDJ等各項技術指標走強，股價強勢特徵顯現，後市上漲的機率高。這時，**投資者可以在當日或次日進場，逢低分批買進籌碼。**之後主力機構快速向上推升股價，成交量同步放大。

12月2日，福然德大幅跳空開高（向上跳空4.94％開盤），股價回落，收出一根大陰線，但成交量較前一交易日萎縮，主力機構展開上漲

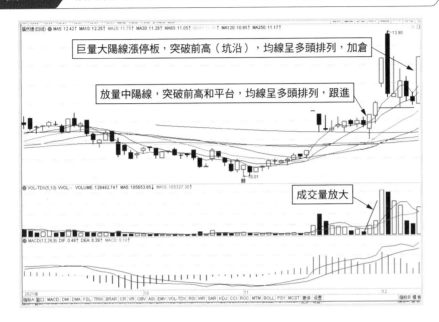

圖3-21　福然德（605050）2021年12月9日的K線走勢圖

初期放量快速上漲後的回檔洗盤，過程中成交量呈逐漸萎縮狀態。

回檔洗盤行情展開後，**獲利的投資者應該先賣出手中籌碼，落袋為安，待回檔洗盤到位後再將籌碼買回**。8日，該股回檔洗盤至坑底止穩，收出一根陰十字星，成交量較前一交易日萎縮，回檔幅度基本為11月29日放量上漲後升幅的一半左右。

12月9日，福然德開低，收出一個大陽線漲停板，突破前高（坑沿），成交量較前一交易日放大2倍多（屬巨量），形成大陽線漲停K線形態。

此時均線呈現多頭排列，MACD、KDJ等技術指標走強，股價強勢特徵非常明顯，後市股價持續快速上漲機率高。這時，**投資者可以在當日搶漲停板，或是在次日進場加倉買進籌碼，待股價出現明顯見頂訊號時再賣出**。

下頁圖3-22是福然德2021年12月17日收盤時的K線走勢圖，可以看

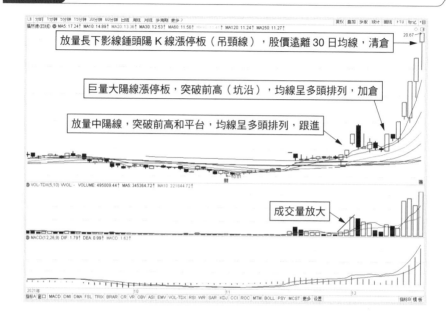

圖3-22　福然德（605050）2021年12月17日的K線走勢圖

出該股12月9日收出一個巨量大陽線漲停板，均線呈多頭排列，股價的強勢特徵相當明顯。之後，主力機構開啟一波急速拉升行情。

　　從拉升情況來看，12月9日巨量大陽線漲停板後，次日主力機構強勢調整一個交易日，**正是投資者進場加倉買進籌碼的最佳時機。**

　　此後，主力機構採取直線拉升、盤中洗盤、迅速拔高的操盤手法，急速向上拉升股價，至12月17日，5個交易日總共拉出5個漲停板。從12月9日縮量回檔洗盤行情結束，主力機構拉出一個巨量大陽線漲停板（收盤價13.20元）算起，上漲到12月17日（收盤價20.67元），漲幅非常大。

　　12月17日，福然德大幅開高（向上跳空6.44％開盤），拉出一個長下影線錘頭陽K線漲停板，成交量較前一交易日明顯放大。

　　從當日分時走勢看，該股早盤大幅開高後，股價持續展開高位震盪整理，13：12封上漲停板瞬間被打開，之後漲停板反覆打開封回多次，

尾盤再次封上漲停板至收盤，股價在高位震盪整理時間長、封死漲停板的時間晚，代表主力機構利用大幅開高、高位震盪、漲停板反覆打開封回的操盤手法，引誘跟風盤進場，並展開大量出貨。

　　此時，股價遠離30日均線且漲幅大，KDJ等部分技術指標走弱，盤面弱勢特徵顯現。**投資者手中如果還有籌碼，次日應該逢高賣出。**

3-6 【放量、股價快速上漲衝高後回檔 ②】
深幅回檔洗盤，
回落至起漲點附近

　　在上漲初期，放量股價快速上漲衝高後，深幅回檔洗盤，是指個股經過較長時間下跌並震盪築底後，主力機構放量快速拉升股價，至一定高度（一般是抵達前期下跌密集成交區附近）後，展開深幅回檔洗盤，幅度一般是回檔至起漲點附近。

　　由於一般投資者很難預見股價衝高回檔的幅度有多大，不管接下來是小幅回檔還是深幅回檔，以短線操盤而言，投資者還是應該趁股價衝高回落時，先賣出手中籌碼，待洗盤結束出現回穩訊號後，再進場逢低買進籌碼。要特別注意的是，如果回檔過深創出新低，投資者要果斷停損賣出。

◎泉峰汽車（603982）

　　圖3-23是該股2021年10月19日收盤時的K線走勢圖，可以看出個股正處於上升趨勢中。股價從前期相對高位，2020年5月19日最高價28.13元，急速下跌，至5月25日17.17元止穩，下跌時間短，跌幅大。

　　股價止穩後，主力機構展開大幅橫盤震盪挖坑洗盤吸籌行情，低買高賣賺取價差，獲利與洗盤吸籌並舉，考驗投資者的信心，期間主力機構拉出4個大陽線漲停板，均屬吸籌建倉型漲停板。

　　2021年7月27日，泉峰汽車開低，股價衝高回落，探至最低價14.70元止穩，歷時一年多的大幅橫盤震盪挖坑洗盤行情結束，隨後主力機構開始向上推升股價、收集籌碼，成交量逐步放大。K線走勢呈現紅多綠少、紅肥綠瘦的態勢。

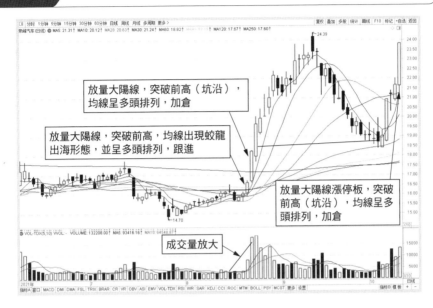

圖3-23 泉峰汽車（603982）2021 年 10 月 19 日的 K 線走勢圖

　　8月20日，泉峰汽車開高，收出一根大陽線，突破前高，成交量較前一交易日放大2倍多，股價向上突破5日、10日、60日、90日和120日均線（一陽穿5線），20日、30日均線在股價下方向上移動，250日均線在股價上方下行，形成蛟龍出海形態。

　　此時均線（除250日均線外）呈現多頭排列，MACD、KDJ等各項技術指標走強，股價強勢特徵顯現，後市上漲機率高。這時，**投資者可以在當日或次日進場，逢低買進籌碼。**

　　8月23日，泉峰汽車跳空開高，收出一根大陽線（收盤漲幅9.81％），突破前高（坑沿），成交量較前一交易日放大2倍多。此時均線（除250日均線外）呈現多頭排列，MACD、KDJ等各項技術指標持續走強，股價強勢特徵相當明顯，後市持續快速上漲機率高。這時，**投資者可以在當日或次日進場，加倉買進籌碼。**之後，主力機構快速向上推升股價。

9月10日，泉峰汽車大幅跳空開高（向上跳空4.31開盤），股價衝高回落，收出一根假陰真陽螺旋槳K線，成交量較前一交易日明顯放大，主力機構展開上漲初期、放量快速上漲後的回檔洗盤行情，期間成交量呈逐漸萎縮狀態。回檔洗盤展開後，**投資者應該先賣出手中籌碼，待回檔洗盤到位後再將籌碼買回。**

10月13日，泉峰汽車開低，收出一根帶上影線的小陽線，成交量較前一交易日萎縮，股價至坑底止穩，回檔洗盤行情結束，回檔幅度（低點）大致回到8月23日起漲點附近。**之前賣出籌碼及追蹤該股走勢的投資者，可以在當日或次日再次進場，分批買進籌碼。**之後，主力機構開始向上拉升股價。

10月19日，泉峰汽車開低，收出一個大陽線漲停板，基本突破前高（坑沿），成交量較前一交易日明顯放大，形成大陽線漲停K線形態。此時均線呈現多頭排列，MACD、KDJ等技術指標走強，股價的強勢特徵非常明顯，後市股價持續快速上漲的機率高。這時，**投資者可以在當日或次日進場，加倉買進籌碼，待股價出現明顯見頂訊號時再賣出。**

圖3-24是泉峰汽車2021年12月1日收盤時的K線走勢圖，可以看出該股10月19日收出一個放量大陽線漲停板，突破前高，均線呈現多頭排列，股價的強勢特徵相當明顯。之後，主力機構開啟了一波快速拉升行情。

從拉升情況來看，當日該股收出一個放量大陽線漲停板後，次日又拉出一個大陽線漲停板。主力機構採取小步快跑、震盪上行的操盤手法推升股價，**此時投資者可以進場加倉買進籌碼。**

11月15日，泉峰汽車大幅跳空開高，股價回落，收出一根帶下影線的大陰線，成交量較前一交易日放大，主力機構再次展開調整洗盤，**此時投資者應該先賣出手中籌碼，待回檔洗盤到位後再買回。**

11月26日，泉峰汽車跳空開高，收出一根大陽線，留下向上跳空缺口，**較大膽、之前賣出籌碼以及追蹤該股走勢的投資者，可以在當日或次日進場，謹慎操盤。**

此後主力機構又拉出2個漲停板。從主力機構整個拉升情況來看，

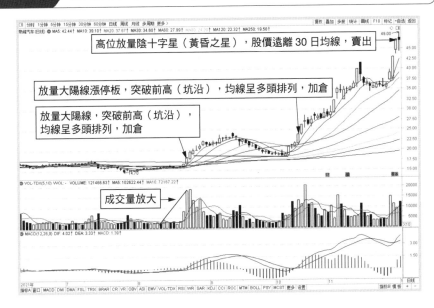

圖3-24　泉峰汽車（603982）2021 年 12 月 1 日的 K 線走勢圖

股價自10月19日收出一個放量大陽線漲停板、突破前高（收盤價23.82元），到12月1日收出的高位十字星（收盤價46.98元），31個交易日的漲幅非常大。

12月1日，泉峰汽車開高，股價衝高回落，收出一根高位陰十字星，成交量較前一交易日明顯放大，顯示主力機構已經展開高位震盪出貨。

此時股價遠離30日均線且漲幅較大，KDJ等部分技術指標走弱，盤面弱勢特徵顯現。**當日投資者手中如果還有籌碼，次日應該逢高賣出。**

◎美盛文化（002699）

下頁圖3-25是該股2021年12月9日收盤時的K線走勢圖，可以看出個股正處於上升趨勢中。股價從前期相對高位，2020年8月4日最高價10.12元，一路震盪下跌，至2021年10月28日最低價3.65元止穩，下跌時

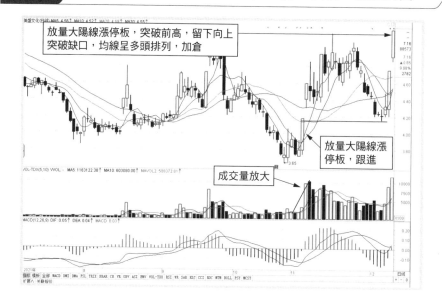

圖3-25　美盛文化（002699）2021 年 12 月 9 日的 K 線走勢圖

間較長且跌幅大，期間有過多次幅度較大的反彈。股價止穩後，主力機構展開強勢整理，收集籌碼。

11月4日，美盛文化以平盤開出，收出一個大陽線漲停板，突破前高，成交量較前一交易日明顯放大，形成大陽線漲停K線形態。此時均線系統較散亂，只有5日、10日和60日均線向上移動，但當日5日均線向上穿過10日均線形成黃金交叉，MACD、KDJ等技術指標走強，股價強勢特徵顯現，後市上漲機率較高。這時，**投資者可以在當日或次日買進籌碼。**

11月5日，美盛文化向上跳空開高，再次拉出一個大陽線漲停板，突破前高，留下向上突破缺口，成交量較前一交易日放大3倍多。此時短中期均線呈現多頭排列，MACD、KDJ等技術指標持續走強，股價強勢特徵顯現，後市持續上漲機率高。這時，**投資者可以在當日或次日進場買進籌碼。**

11月24日，美盛文化開高，收出一顆陽十字星，成交量較前一交易日略有放大，主力機構展開上漲初期、放量快速上漲後的回檔洗盤行情，期間成交量呈逐漸萎縮狀態。回檔洗盤展開後，**投資者應該先賣出手中籌碼，待回檔洗盤到位後再將籌碼買回。**

12月7日，美盛文化開高，收出一根帶上影線的中陽線（仙人指路），成交量較前一交易日明顯放大，股價回檔至坑底止穩，回檔幅度（低點）大致回到11月4日起漲點附近。**之前賣出籌碼或正追蹤該股走勢的投資者，可以在當日或次日再次進場，分批買進籌碼。**

12月8日，美盛文化開低，收出一個大陽線漲停板，突破前高，成交量較前一日放大2倍多，形成大陽線漲停K線形態。從當日分時走勢看，主力機構早盤開低後，持續展開小幅震盪盤升行情，13：14封上漲停板，**整個上午是投資者進場逢低買進籌碼的最佳時機。**

12月9日，美盛文化跳空開高，收出一個大陽線漲停板，突破前高（坑沿），留下向上突破缺口，成交量較前一交易日明顯放大，形成大陽線漲停K線形態。

此時均線（除250日均線外）呈現多頭排列，MACD、KDJ等技術指標走強，股價強勢特徵非常明顯，後市持續快速上漲機率高。這時，**投資者可以在當日搶漲停板，或在次日進場加倉買進籌碼，待股價出現明顯見頂訊號時再賣出。**

下頁圖3-26是美盛文化2021年12月20日收盤時的K線走勢圖，可以看出該股12月9日拉出一個放量大陽線漲停板，突破前高，留下向上突破缺口，股價的強勢特徵相當明顯。之後，主力機構開啟一波快速拉升行情。

從拉升情況來看，主力機構採取直線拉升、盤中洗盤、迅速拔高的操盤手法，急速向上拉升股價。股價從12月9日主力機構跳空開高拉出一個大陽線漲停板、突破前高（收盤價5.24元），上漲至12月17日收出一個帶下影線的大陽線漲停板（收盤價8.60元），7個交易日拉出6個漲停板（1個T字漲停板、5個大陽線漲停板），漲幅很大。

12月20日，美盛文化開低，股價衝高回落，收出一根螺旋槳陽K

圖3-26　美盛文化（002699）2021 年 12 月 20 日的 K 線走勢圖

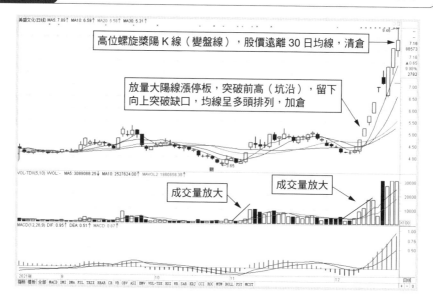

線，成交量較前一交易日略有萎縮。

　　從分時走勢來看，當日股價盤中一度封上漲停板，封板時間約10分鐘，顯示主力機構利用盤中拉高、漲停誘多、高位震盪等操盤手法，吸引跟風盤進場，然後派發出貨。

　　此時股價遠離30日均線且漲幅大，KDJ等部分技術指標走弱，盤面弱勢特徵顯現。這時，**投資者手中如果還有籌碼，次日應該逢高賣出。**

NOTE

/ / /

第 4 章

拉升環節的操作戰法：
順勢交易賺取最大利潤

　　主力機構透過強勢築底和初期上漲，收集到大部分籌碼後，隨即展開各種手法的試盤、洗盤，目的是調倉換股、清洗獲利盤，為拉升做準備。

　　當調整洗盤至極度縮量時，主力機構立即展開快速拉升，此時目標股票的均線呈現多頭排列，其他各項技術指標走強，盤面強勢特徵十分明顯。股價快速拉升突破的強勢走勢，不斷吸引其他投資者的關注和跟進，隨著進場資金不斷增加，個股呈現量增價漲的量價特徵。

　　拉升環節是主力機構操盤過程中的一個重要必經環節，是目標股票股價的主升階段。如果沒有經過拉升階段，主力機構很難實現利潤最大化，他們之前做的一切工作，最終都是為了順利拉升出貨，實現獲利。

　　在拉升環節，個股走勢大致呈現放量迅速上漲，但受到主力機構控盤程度、操盤手法、資金面和市場面等因素影響，個股在拉升環節的量價關係表現各異。

　　舉例來說，在大市好、主力機構控盤程度高的情況下，個股拉升環節可能呈現爆發性連續一字漲停板（T字板），縮量直線快速拉升走勢，也可能呈現連續跳空開高大陽線／小陽線漲停板，逐漸縮量快速上漲的走勢。如控盤程度一般，則可能走出上漲時放量、調整時縮量的台階式或波段式（波浪式）逐步拉升的強勢上漲形態。

　　在個股整個走勢中，拉升環節是上漲速度最快、K線形態最誘人、投資者最不安、上升幅度最大的重要階段，往往走出獨立於大盤、強勢且誘人的盤面態勢。

4-1 【放量迅速拉升股價 ①】
主力引誘散戶進場加倉搶籌

　　放量迅速拉升股價，是指主力機構拉升目標股票的過程中，在成交量快速放大的同時（大部分可能是主力機構對敲或對倒放出的），股價同步快速上漲的一種量價配合關係。這種快速的量增價漲量價關係，一般在拉升初期出現，是主力機構為了快速拉高股價，同時吸引市場注意、引誘其他投資者進場搶籌。

　　由於目標股票初期上漲後調整洗盤程度、主力機構籌碼鎖定控盤程度和操盤手法風格的不同，放量迅速拉升股價的K線走勢也不盡相同，但目標股票快速上升的趨勢應該不會改變。

　　對於主力機構放量迅速拉升的目標股票，投資者要抱持積極看多做多的樂觀態度，如果在前期調整洗盤過程中，沒有逢低進場買進，可以在個股放量突破關鍵點位，或是在主力機構放量迅速拉升初期，快速進場買進籌碼、持股待漲，待目標股票出現調整特徵或明顯的見頂信號時再賣出。

　　放量迅速拉升股價，是指主力機構在初期上漲行情回落洗盤結束、放量突破關鍵點位後，快速展開拉升股價的行為。此時，量價關係呈現成交量迅速放大（可能是主力機構對敲或對倒放量），股價同步快速上漲的一種量價配合特徵。

　　這種快速的量增價漲量價關係，意味著拉升行情正式開啟。這時，投資者可以在目標股票回落洗盤結束回穩、突破關鍵點位、放量迅速拉升的當日或次日，買進籌碼並持股待漲。

圖4-1　亞世光電（002952）2022 年 1 月 7 日的 K 線走勢圖

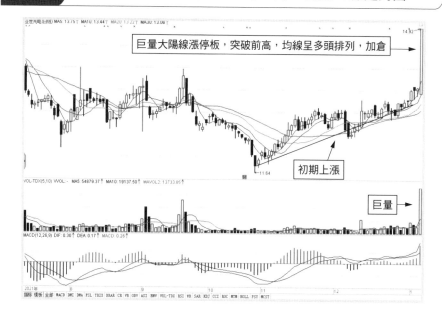

◎亞世光電（002952）

　　圖4-1是該股2022年1月7日收盤時的K線走勢圖，可以看出該股正處於上升趨勢中。股價從前期相對高位，2019年7月26日最高價50.28元，一路震盪下跌，至2021年10月28日最低價11.64元止跌回穩（又稱止穩），下跌時間長且跌幅大，期間有過多次且幅度大的反彈。

　　股價止穩後，主力機構開始推升股價，收集籌碼，展開初期上漲行情。股價下跌後期，主力機構透過小幅反彈、橫盤震盪、打壓股價收集大部分籌碼。此時K線走勢呈紅多綠少、紅肥綠瘦的態勢，股價緩慢上漲，底部逐漸抬高。

　　1月7日，亞世光電開低，收出一個大陽線漲停板，突破前高，而且成交量相較前一交易日放大近7倍（屬於巨量突破），形成大陽線漲停K線形態。

　　此時均線呈現多頭排列，MACD、KDJ等技術指標走強，股價強勢

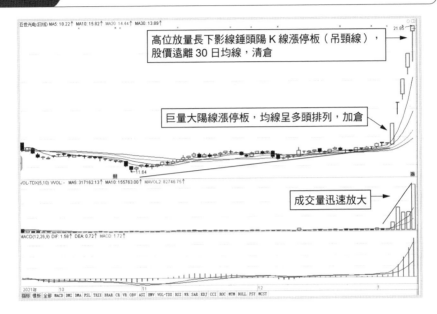

圖4-2 亞世光電（002952）2022 年 1 月 13 日的 K 線走勢圖

> 高位放量長下影線錘頭陽 K 線漲停板（吊頸線），
> 股價遠離 30 日均線，清倉

> 巨量大陽線漲停板，均線呈多頭排列，加倉

> 成交量迅速放大

特徵非常明顯，後市持續快速上漲機率高。**投資者可以在當日搶漲停板，或在次日進場加倉買進籌碼，待股價出現明顯見頂訊號時再賣出。**

　　圖4-2是亞世光電2022年1月13日收盤時的K線走勢圖，可以看出該股1月7日收出一個巨量大陽線漲停板，突破前高，均線呈多頭排列，股價的強勢特徵相當明顯。之後主力機構展開一波快速拉升行情。

　　從拉升情況來看，主力機構採取直線拉升、盤中洗盤、迅速拔高的操盤手法，急速向上拉升股價至13日，4個交易日拉出4個漲停板（10日為T字漲停板，若投資者前一交易日沒有進場，當日想買進還有機會）。

　　股價從7日開低拉出一個大陽線漲停板、突破前高（收盤價14.92元），上漲到13日收出一個長下影線錘頭陽K線漲停板（收盤價21.85元），5個交易日的漲幅非常可觀。

　　1月13日，亞世光電大幅跳空開高（向上跳空8.11％開盤），收出

圖4-3 | 亞世光電（002952）2022 年 1 月 10 日的分時截圖

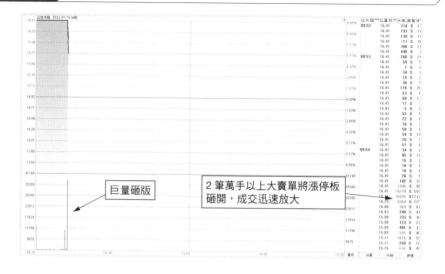

一個長下影線錘頭陽K線漲停板（高位或相對高位的錘頭線又稱上吊線、吊頸線），成交量較前一交易日放大2倍多，週轉率達45.36％。

從當日分時走勢看，該股早盤大幅開高後，9：34衝高漲停，9：37漲停板被大賣單砸開，然後持續展開高位震盪整理，13：22再次觸及漲停瞬間回落，繼續展開高位震盪整理，尾盤封回漲停板至收盤，高位震盪整理時間長、封死漲停板時間晚，顯露主力機構利用開高、高位震盪、漲停板打開封回等操盤手法，引誘跟風盤進場，同時展開大量出貨的跡象。

此時股價遠離30日均線且漲幅大，KDJ等部分技術指標走弱，盤面弱勢特徵顯現。**投資者手中如果還有籌碼，次日應該逢高賣出。**

圖4-3是亞世光電1月10日開盤後至9：54的分時截圖，當天該股漲停開盤，9：54有2筆上萬手的大賣單將漲停板砸開，成交量快速放大。從9：54漲停板剛打開時的成交明細可以看到，成百上千手的賣盤不少。直到10：25，主力機構才封回漲停板，打開漲停板的時間長達31分鐘。**如果投資者當日想進場，只要在漲停板被打開時快速下單跟進，就**

圖4-4　維宏股份（300508）2021 年 7 月 29 日的 K 線走勢圖

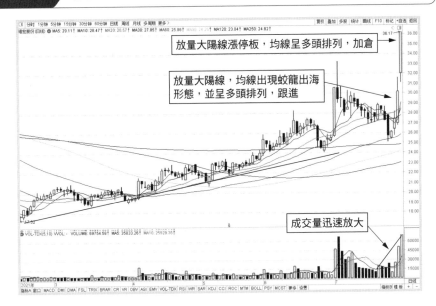

放量大陽線漲停板，均線呈多頭排列，加倉

放量大陽線，均線出現蛟龍出海形態，並呈多頭排列，跟進

成交量迅速放大

沒有問題。

◎維宏股份（300508）

　　圖4-4是該股2021年7月29日收盤時的K線走勢圖，可以看出該股正處於上升趨勢中。股價從前期相對高位，2017年11月1日最高價99.88元，一路震盪下跌，至2021年2月8日最低價17.32元止穩，下跌時間長且跌幅大，下跌期間有過多次幅度較大的反彈。股價止穩後，主力機構開始推升股價，收集籌碼，開始初期上漲行情。K線走勢呈紅多綠少、紅肥綠瘦的態勢，股價緩慢上漲，底部逐漸抬高。

　　7月1日，維宏股份開高，收出一個大陽線漲停板，該漲停板是主力機構拉出的吸籌建倉型漲停板。次日該股以平盤開出，股價衝高回落，收出一根長上影線倒錘頭陰K線，主力機構展開縮量回檔洗盤行情。

　　7月26日，維宏股份開低，收出一根小陽線，股價止穩，主力機構

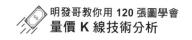

回檔洗盤行情結束，**此時投資者可以考慮進場。**

　　7月28日，維宏股份開高，收出一根大陽線（漲幅9.88％），突破前高，成交量較前一交易日放大2倍多。當日股價向上突破5日、10日、20日和30日均線（一陽穿4線），60日、90日、120日和250日均線在股價下方向上移動，形成蛟龍出海形態。

　　此時，均線呈現多頭排列，MACD、KDJ等技術指標走強，股價強勢特徵顯現，後市上漲機率高。**投資者可以在當日或次日進場買進籌碼，持股待漲。**

　　7月29日，維宏股份跳空開高，收出一個大陽線漲停板，突破前高，成交量較前一交易日明顯放大，形成大陽線漲停K線形態。此時均線呈現多頭排列，MACD、KDJ等技術指標持續走強，股價強勢特徵非常明顯，後市持續快速上漲機率高。**投資者可以在當日搶漲停板，或在次日進場加倉買進籌碼，待股價出現明顯見頂訊號時再賣出。**

　　圖4-5是維宏股份2021年8月3日收盤時的K線走勢圖，可以看出該股7月29日收出一個放量大陽線漲停板，股價的強勢特徵非常明顯。之後主力機構展開一波急速拉升行情。

　　從拉升情況來看，主力機構採取直線拉升、盤中洗盤、迅速拔高的操盤手法，急速向上拉升股價。股價從7月29日主力機構開高拉出一個大陽線漲停板、突破前高（開盤價32.00元），上漲到8月3日收出一根陽十字星（收盤價56.24元），4個交易日拉出3個漲停板，漲幅非常大。

　　8月3日，維宏股份大幅開高（向上跳空7.80％開盤），股價衝高回落，收出一根陽十字星（高位或相對高位十字星又稱黃昏之星），成交量較前一交易日明顯放大。

　　從當日分時走勢看，該股早盤大幅開高後，股價震盪走高，最高上衝至61.73元，隨後展開高位震盪，10：32開始緩慢震盪回落至收盤，收盤漲幅7.99％，顯露主力機構利用大幅開高、衝高、高位震盪等操盤手法，引誘跟風盤進場並大量出貨的跡象。

　　此時股價遠離30日均線且漲幅大，KDJ等部分技術指標走弱，盤面

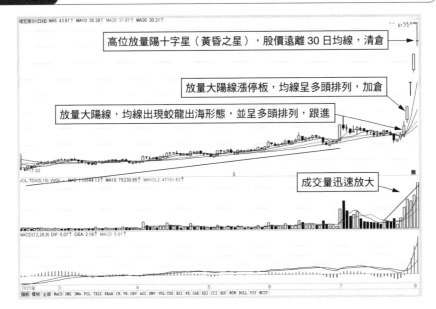

圖4-5　維宏股份（300508）2021 年 8 月 3 日的 K 線走勢圖

高位放量陽十字星（黃昏之星），股價遠離 30 日均線，清倉

放量大陽線漲停板，均線呈多頭排列，加倉

放量大陽線，均線出現蛟龍出海形態，並呈多頭排列，跟進

成交量迅速放大

弱勢特徵顯現。**投資者手中如果還有籌碼，次日應該逢高賣出。**

4-2 【放量迅速拉升股價 ②】
隨後主力小幅震盪洗盤，
目的是調倉換股

　　放量迅速拉升股價後，強勢調整（洗盤），是指主力機構將目標股票股價拉升至一定高度後，展開的小幅震盪調整（洗盤）行情，目的是清洗獲利盤，調倉換股，為後續的拉升積蓄力量。這種調整屬於於拉升途中的強勢調整（洗盤），成交量呈萎縮狀態。

　　主力機構對於目標股票展開快速連續拉升非常謹慎，即使籌碼鎖定性很好、控盤很到位，在即將拉至前期下跌密集成交區，或遇大勢特別不好的情況下，也會馬上進行調整，透過震盪洗盤來調倉換股，清洗獲利盤，吸引跟風盤，拉高其他投資者的入場成本，減輕後期拉升壓力。此時的調整一般是強勢、短暫的縮量調整，投資者不僅不用擔心，還要利用難得的調整機會，進場買進籌碼。

　　主力機構調整洗盤意圖實現後，必定再次放量突破前高（平台），快速拉升股價，吸引市場注意，引誘跟風盤。投資者需注意，在目標股票調整至縮量，或突破前高（平台）時，正是投資者進場或加倉買進籌碼的最佳時機，新的一輪拉升即將開啟。

◎雲維股份（600725）

　　圖4-6是該股2021年8月27日收盤時的K線走勢圖，可以看出該股正處於上升趨勢中。股價從前期相對高位，2019年4月18日最高價3.89元，一路震盪下跌，至2021年1月11日最低價1.41元止跌回升，下跌時間長且跌幅大，期間有多次幅度較大的反彈。股價止穩後，主力機構快速推升股價，收集籌碼，該股展開初期上漲行情，成交量逐漸放大。

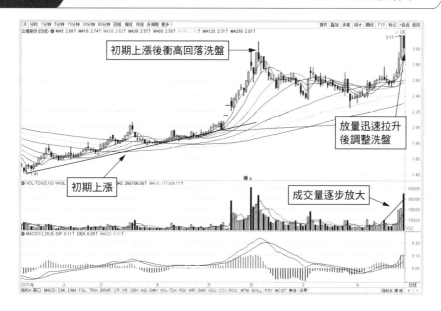

圖4-6　雲維股份（600725）2021 年 8 月 27 日的 K 線走勢圖

6月4日，雲維股份以平盤開出，股價衝高至當日最高價3.09元回落，收出一根長上影線倒錘頭陰K線，主力機構展開初期上漲行情後的回檔洗盤吸籌行情，成交量呈逐漸萎縮狀態。

7月28日，雲維股份開低，收出一根長下影線錘頭陰K線（當日股價探至最低價2.25元），股價止穩，回檔洗盤吸籌行情結束，**此時投資者可以考慮進場**。之後主力機構開始向上推升股價。

8月23日，雲維股份開高，收出一根中陽線（漲幅3.12％），突破前高，成交量較前一交易日明顯放大。當日股價向上突破5日、10日和60日均線（一陽穿3線），20日、30日、90日、120日和250日均線在股價下方向上移動，形成蛟龍出海形態。

此時均線呈現多頭排列，MACD、KDJ等技術指標走強，股價強勢特徵顯現，股價快速上漲機率較高。**投資者可以在當日或次日買進籌碼，持股待漲**。此後主力機構快速向上拉升股價，成交量逐步放大。

8月27日，雲維股份以平盤開出，股價直接回落，收出一根實體比較長的陰K線，成交量較前一交易日明顯放大，主力機構展開迅速拉升後的強勢調整洗盤，因為股價已拉升至2019年6月18日下跌以來的密集成交區。

這個時候，該股的短中長期均線呈現多頭排列，其他各項技術指標強勢，股價的強勢特徵十分明顯。主力機構雖然拉升4個交易日，但股價不高，**只要調整洗盤不有效跌破5日均線，就不必驚慌，可繼續持股待漲。**

圖4-7是雲維股份2021年9月9日收盤時的K線走勢圖，可以看出該股8月27日走勢如前所述，主力機構展開強勢調整洗盤。8月30日、31日，股價又連續強勢調整2個交易日，成交量大幅萎縮。9月1日，雲維股份跳空開高，收出一根大陽線，突破前高，成交量較前一交易日放大2倍多，強勢調整洗盤行情結束。

此時均線呈現多頭排列，MACD、KDJ等技術指標走強，股價強勢特徵非常明顯，後市持續快速上漲機率高。**投資者可以在當日或次日進場，加倉買進籌碼，待股價出現明顯見頂訊號時賣出。**之後主力機構快速向上拉升股價。

從拉升情況來看，主力機構採取直線拉升、盤中洗盤、迅速拔高的操盤手法，急速向上拉升股價。股價從9月1日主力機構開高收出一根大陽線突破前高、強勢調整洗盤行情結束（收盤價3.25元），上漲到9月8日收出一個錘頭陽K線漲停板（收盤價4.58元），5個交易日拉出5根陽線，其中3個漲停板，漲幅非常大。

9月9日，雲維股份大幅開高（向上跳空7.64％開盤），股價衝高回落，收出一根假陰真陽螺旋槳K線（高位或相對高位的螺旋槳K線又稱變盤線、轉勢線），成交量較前一交易日放大近4倍。

從當日分時走勢看，雲維股份早盤大幅開高後，於9：31衝高漲停，瞬間被大賣單砸開，成交量急速放大；9：33封回漲停板，9：36漲停板再次被大賣單砸開，然後股價震盪回落至收盤，收盤漲幅1.53％，顯露主力機構利用大幅開高、漲停板打開封回再打開、高位震盪等手

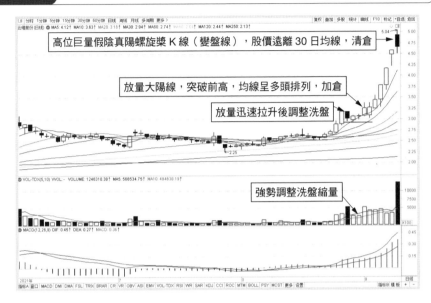

圖4-7 雲維股份（600725）2021 年 9 月 9 日的 K 線走勢圖

法，引誘跟風盤進場並大量出貨的意圖。

　　這個時候，股價遠離30日均線而且漲幅大，KDJ等部分技術指標開始走弱，盤面的弱勢特徵已經顯現。**投資者手中如果還有籌碼，次日應該逢高賣出。**

◎紅日藥業（300026）

　　下頁圖4-8是該股2021年12月28日收盤時的K線走勢圖，可以看出該股正處於上升趨勢中。股價從前期相對高位，2020年4月21日最高價8.36元，一路震盪下跌，至2021年2月4日最低價3.74元止穩，下跌時間不長，但跌幅大，期間有過一次較大幅度的反彈。股價止穩後，主力機構開始快速推升股價，展開初期上漲行情，成交量逐漸放大，股價震盪盤升，震盪幅度較大。

　　2021年8月5日，紅日藥業開低，隨後股價衝高至當日最高價5.28元

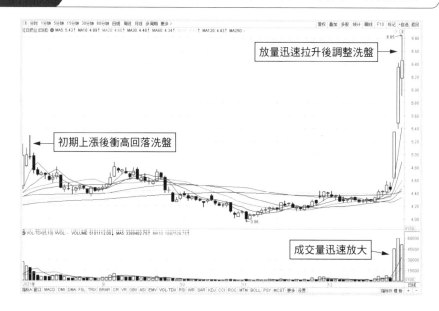

圖4-8 紅日藥業（300026）2021 年 12 月 28 日的 K 線走勢圖

回落，收出一顆長上影線陰十字星，主力機構展開初期上漲行情後的回
檔洗盤吸籌行情，成交量呈逐漸萎縮狀態。

11月2日，紅日藥業以平盤開出，收出一根中陰線（當日股價探至
最低價3.96元），股價止穩，回檔洗盤吸籌行情結束，**此時投資者可以
考慮進場買進籌碼**。之後主力機構開始向上推升股價。

12月24日，紅日藥業跳空開高，收出一個大陽線漲停板，突破前
高，留下向上跳空突破缺口，成交量較前一交易日放大近9倍（屬巨量
漲停），形成大陽線漲停K線形態。

此時均線呈現多頭排列，MACD、KDJ等技術指標走強，股價強勢
特徵非常明顯，後市持續快速上漲機率高。**投資者可以在當日或次日進
場加倉買進籌碼**。之後主力機構向上快速拉升股價。

12月27日，紅日藥業繼續跳空開高，收出一根大陽線，收盤漲幅
18.69％，留下向上跳空缺口，成交量較前一交易日明顯放大。

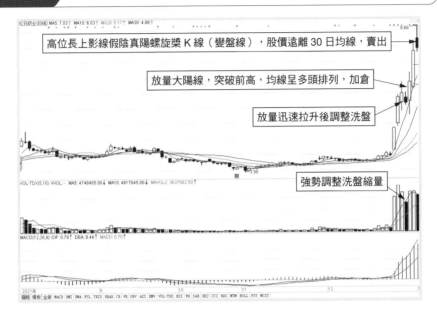

圖4-9　紅日藥業（300026）2022 年 1 月 4 日的 K 線走勢圖

12月28日，紅日藥業開低，股價衝高回落，收出一根縮量螺旋槳陽K線，成交量相較前一交易日萎縮，主力機構展開迅速拉升後的強勢調整洗盤吸籌行情，因為股價已經拉升至2020年9月7日下跌以來的密集成交區。

此時該股仍處於上升趨勢中，短中長期均線呈現多頭排列，其他各項技術指標走強，股價強勢特徵十分明顯。雖然2個交易日的漲幅已近40%，但該股前期下跌時間長、跌幅大，而且是低價股，**只要調整洗盤不有效跌破5日均線，就不必驚慌，可以繼續持股待漲。**

圖4-9是紅日藥業2022年1月4日收盤時的K線走勢圖。從K線走勢可以看出，2021年12月28日，該股走勢如前所述，股價展開強勢調整洗盤，29日又調整1個交易日，成交量大幅萎縮。次日，該股開高，收出一根大陽線，突破前高，成交量較前一交易日明顯放大，收盤漲幅11.24%，強勢調整洗盤行情結束。

此時均線呈現多頭排列，MACD、KDJ等技術指標走強，股價強勢特徵非常明顯，後市快速上漲機率高。**投資者可以在當日或次日進場，加倉買進籌碼。**12月31日，該股再次收出一根大陽線，漲幅11.24％，成交量較前一日持平。

從紅日藥業2021年12月30日收出一根大陽線突破前高、強勢調整洗盤行情結束後的上漲情況（收盤價6.83元），到2022年1月4日收出一根假陰真陽螺旋槳K線（收盤價7.91元），3個交易日的漲幅不錯。

2022年1月4日，紅日藥業大幅跳空開高（向上跳空5.24％開盤），股價衝高回落，收出一根長上影線假陰真陽螺旋槳K線，成交量較前一交易日萎縮，顯露主力機構利用開高、盤中拉高、高位震盪等操盤手法，引誘跟風盤進場並大量出貨的跡象。

這時候，股價遠離30日均線且漲幅大，KDJ等部分技術指標走弱，盤面弱勢特徵顯現。**投資者手中若有籌碼，次日應該逢高賣出。**

4-3 【放量迅速拉升股價 ③】
過程中在預定價位附近，
展開最後洗盤且……

　　放量迅速拉升過程中的最後一次洗盤，是指主力機構將目標股票股價拉升至預定價位附近時，展開的最後一次調整洗盤，目的是逢高先賣出部分籌碼，逢低再撿點便宜，然後再向上拉升，拉出利潤空間和最後的出貨空間。放量拉升過程中的最後一次洗盤，量價特徵仍表現出價跌量縮的態勢。

　　主力機構在對目標股票展開快速拉升的過程中，進行最後一次洗盤，目的是後面能順利出貨。一方面可以低買高賣，賺一部分價差；另一方面是清洗獲利盤，讓已經賺錢的投資者離場，讓看好後市的資金進場，拉高市場成本，減輕最後拉升的壓力，讓主力機構可以在高位順利出貨。

　　快速拉升過程中的最後一次洗盤，在股價止穩後，主力機構會逐步放量推升股價，然後放量突破前高（或平台）繼續向上拉升，吸引市場注意，不斷引誘跟風盤買進，使主力機構在高位出貨的時候有連續不斷的接盤。

　　投資者需要注意，在目標股票最後一次洗盤而縮量回穩，或突破前高（平台）時，正是投資者適當買進，或適當加倉買進部分籌碼，賺取最後利潤的時機。

◎星雲股份（300648）

　　下頁圖4-10是該股2021年7月30日收盤時的K線走勢圖，可以看出此時該股處於上升趨勢中。股價從前期相對高位，2018年4月4日的最高

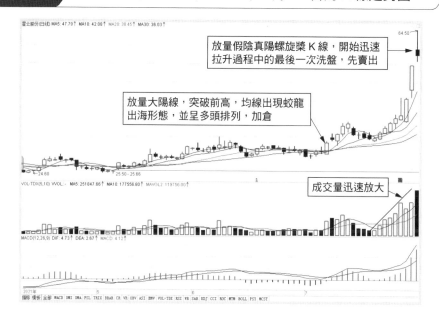

圖4-10　星雲股份（300648）2021 年 7 月 30 日的 K 線走勢圖

價70.00元，一路震盪下跌，至2020年2月4日的最低價13.18元止跌回升，下跌時間長且跌幅大，下跌期間有過多次反彈，反彈幅度較大。

股價止穩後，主力機構快速推升股價，收集籌碼，然後展開橫盤震盪洗盤吸籌行情，期間總共拉出過2個大陽線漲停板，都屬於吸籌建倉型漲停板。

2020年7月6日，星雲股份跳空開高，收出一根大陽線（收盤漲幅7.52％），突破前高，留下向上突破缺口，成交量較前一交易日放大近2倍。當日的股價向上突破5日、10日、20日、30日、90日、120日和250日均線（一陽穿7線），60日均線在股價下方向上移動，形成蛟龍出海形態。

此時均線（除90日和250日均線外）呈現多頭排列，MACD、KDJ等技術指標走強，股價強勢特徵顯現，後市股價上漲機率比較高。**投資者可以在當日或次日進場持股待漲。**之後主力機構快速向上推升股價，

展開初期上漲行情，成交量同步放大。

2021年1月6日，星雲股份開低，股價衝高至當日最高價47.65元回落，收出一根長實體螺旋槳陰K線，主力機構展開初期上漲行情後的回檔洗盤行情，成交量呈逐漸萎縮狀態。

4月15日，星雲股份開低，收出一根小錘頭陽K線（當日股價探至最低價24.60元），股價止穩，初期上漲行情後的回檔洗盤行情結束，**投資者可以考慮進場買進籌碼。**之後主力機構開始向上推升股價，收集籌碼。

7月7日，星雲股份開低，收出一根大陽線（收盤漲幅8.13％），突破前高，成交量較前一交易日放大2倍多。當日股價向上突破5日、10日、20日、30日、120日和250日均線（一陽穿6線），60日和90日均線在股價下方向上移動，上漲中期，均線形成蛟龍出海形態。

此時均線（除120日均線外）呈現多頭排列，MACD、KDJ等技術指標走強，股價強勢特徵顯現，後市股價上漲機率高。**投資者可以在當日或次日進場，加倉買進籌碼，持股待漲。**之後主力機構快速向上拉升股價，展開中期上漲行情，成交量同步放大。

7月30日，星雲股份大幅跳空開高，股價衝高回落，收出一根假陰真陽螺旋槳K線，成交量較前一交易日明顯放大，主力機構展開迅速拉升過程中最後一次調整洗盤，因為股價已經拉升至2018年4月4日下跌以來的密集成交區，同時大盤下跌，主力機構趁勢調整洗盤。

此時個股仍處於上升趨勢，短中長期均線呈現多頭排列，其他各項技術指標走強，股價強勢特徵十分明顯。**投資者可以在回檔洗盤的當日或次日，逢高先賣出手中籌碼，待回檔洗盤結束後，再擇機進場，適量買進籌碼。**

下頁圖4-11是星雲股份2021年8月12日收盤時的K線走勢圖，可以看出該股7月30日收出一根假陰真陽螺旋槳K線，主力機構展開迅速拉升過程中的最後一次洗盤。8月2日、3日，該股又連續調整2個交易日，成交量明顯萎縮。

8月4日，該股開高，收出一根中陽線，突破前高，漲幅6.79％，成

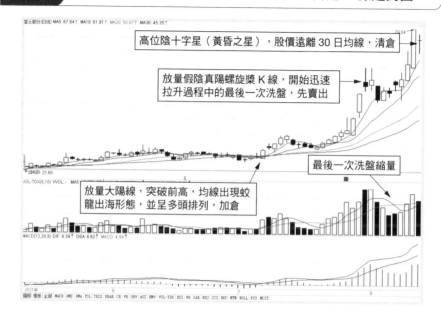

圖4-11 星雲股份（300648）2021 年 8 月 12 日的 K 線走勢圖

交量較前一交易日萎縮，迅速拉升過程中最後一次洗盤結束。此時均線呈現多頭排列，MACD、KDJ等技術指標強勢，股價強勢特徵相當明顯，後市快速上漲機率高。**投資者可以在當日或次日進場，適量買進籌碼。**之後主力機構展開最後的拉升行情。

從拉升情況來看，主力機構採直線拉升、盤中洗盤、迅速拔高的操盤手法，急速向上拉升股價。股價從8月4日主力機構開高收出一根中陽線、最後一次洗盤結束（收盤價56.00元），上漲到8月11日收出大陽線漲停板（收盤價79.04元），4個交易日拉出4根陽線（8月6日收出的是一根假陰真陽K線），其中1個大陽線漲停板，漲幅相當不錯。

8月12日，星雲股份大幅開低，收出一顆陰十字星，成交量較前一交易日萎縮，顯示主力機構已展開高位出貨。此時股價遠離30日均線且漲幅大，KDJ等部分技術指標走弱，盤面弱勢特徵顯現。**投資者手中如果還有籌碼，次日應該逢高賣出。**

圖4-12　科信技術（300565）2022年8月9日的K線走勢圖

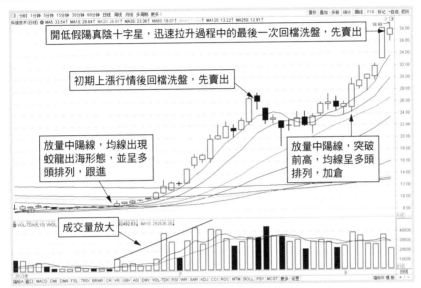

◎科信技術（300565）

　　圖4-12是該股2022年8月9日收盤時的K線走勢圖，可以看出該股正處於上升趨勢中。股價從前期相對高位，2020年11月10日最高價24.20元，一路震盪下跌，至2022年4月27日最低價6.81元止跌回升，下跌時間長且跌幅大，期間有過多次幅度大的反彈。

　　期間主力機構利用反彈、橫盤震盪以及打壓股價等手法，收集不少籌碼建倉。股價止穩後，主力機構展開震盪盤升行情，收集籌碼與震盪洗盤並舉，K線走勢呈紅多綠少、紅肥綠瘦的態勢。

　　6月21日，科信技術跳空開高，收出一根中陽線（漲幅5.97%），突破前高，成交量較前一交易日放大6倍多。當日股價向上突破5日、10日和60日（一陽穿3線），20日和30日均線在股價下方向上移動，90日、120日和250日均線在股價上方下行，形成蛟龍出海形態。

　　此時短期均線呈現多頭排列，MACD、KDJ等技術指標走強，股價

強勢特徵顯現，後市股價上漲機率高。**投資者可以在當日或次日進場買進籌碼，持股待漲。**之後主力機構快速向上推升股價，展開初期上漲行情，成交量同步放大。

7月15日，科信技術開高，股價衝高至當日最高價27.45元回落，收出一根長下影線陰K線，主力機構展開初期上漲行情後的回檔洗盤行情，成交量呈逐漸萎縮狀態。

7月20日，科信技術開低，收出一根長下影線錘頭陰K線（當日股價探至最低價18.58元），股價止穩，初期上漲行情後的回檔洗盤行情結束，**投資者可以考慮進場。**之後，主力機構開始向上推升股價。

8月2日，科信技術開低，收出一根大陽線（收盤漲幅12.94％），突破前高，成交量較前一交易日明顯放大。此時均線呈現多頭排列，MACD、KDJ等技術指標走強，股價強勢特徵非常明顯，後市股價快速上漲機率高。**投資者可以在當日或次日進場，加倉買進籌碼，持股待漲。**之後，主力機構快速向上拉升股價，展開中期上漲行情。

8月9日，科信技術開低，股價衝高回落，收出一顆假陽真陰十字星，成交量較前一交易日大幅萎縮，主力機構展開迅速拉升過程中的最後一次洗盤，因為股價已拉升至2017年3月27日下跌以來的密集成交區，且目標股票從底部上漲以來，漲幅較大。

這時候，均線呈現多頭排列，其他各項技術指標走強，股價的強勢特徵十分明顯。**投資者可以在回檔洗盤的當日或次日，逢高先賣出手中籌碼，待回檔洗盤結束後，再擇機進場，適量買進籌碼，也可以視情況持股待漲。**

圖4-13是科信技術2022年8月26日收盤時的K線走勢圖，可以看出該股8月9日收出一顆假陽真陰十字星，主力機構展開迅速拉升過程中的最後一次洗盤。接著股價連續調整2個交易日，成交量明顯萎縮。

8月12日，科信技術開高，收出一根小陽線，漲幅3.68％，成交量較前一交易日略有放大，迅速拉升過程中最後一次洗盤結束。此時均線呈現多頭排列，MACD、KDJ等技術指標走強，股價強勢特徵顯現，後市快速上漲機率高。這時，**投資者可以在當日或次日進場，加倉買進籌**

図4-13　科信技術（300565）2022 年 8 月 26 日的 K 線走勢圖

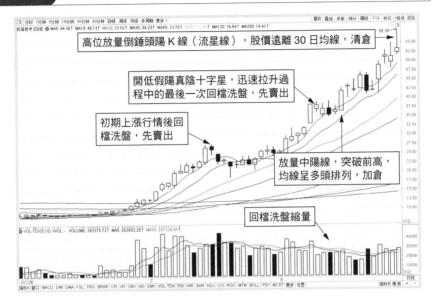

高位放量倒錘頭陽 K 線（流星線），股價遠離 30 日均線，清倉

開低假陽真陰十字星，迅速拉升過程中的最後一次回檔洗盤，先賣出

初期上漲行情後回檔洗盤，先賣出

放量中陽線，突破前高，均線呈多頭排列，加倉

回檔洗盤縮量

碼。之後主力機構展開最後的拉升行情。

　　從拉升情況來看，主力機構依託5日均線向上推升股價，股價偶爾向下跌（刺）破5日均線，但很快收回，10日均線發揮較好的支撐作用，整個上漲走勢比較順暢。

　　股價從8月12日主力機構開高收出一根小陽線、最後一次洗盤結束（收盤價36.58元），上漲到8月26日收出一根倒錘頭陽K線（收盤價53.30元），10個交易日的漲幅不錯。

　　8月26日，科信技術開高，股價衝高回落，收出一根倒錘頭陽K線，成交量較前一交易日放大，顯露主力機構利用開高、盤中拉高、高位震盪的手法，引誘跟風盤進場，同時大量出貨的意圖。此時股價遠離30日均線且漲幅大，KDJ等部分技術指標走弱，盤面弱勢特徵顯現。**投資者手中如果還有籌碼，次日應該逢高賣出。**

4-4 【縮量快速拉升股價 ①】
面對高度控盤個股，
何時是進場時機？

　　縮量快速拉升股價，是主力機構對籌碼鎖定性好、已高度控盤的目標股票展開拉升的行為，是一種股價快速上漲，而成交量相對萎縮的短期量價背離關係。這種關係可以出現在拉升的各個時期，既可以讓主力機構快速拉高股價，也能吸引市場關注。

　　由於個股初期上漲後的調整洗盤程度、主力機構的籌碼鎖定控盤程度和操盤手法不同，因此縮量快速拉升股價的時間、個股拉升過程中的K線走勢也不盡相同，但個股快速上升的趨勢不會改變。

　　對於主力機構縮量快速拉升的目標股票，投資者要抱持看多做多的積極樂觀態度，如果在初期上漲後的調整洗盤過程中，沒有逢低買進籌碼，就要在目標股票放量突破關鍵點位當天，快速進場買進籌碼，或在縮量快速拉升當天或次日集合競價時，擇機進場買進，然後持股待漲，待個股出現調整特徵或明確見頂訊號時再賣出。

　　縮量快速拉升股價，是指主力機構在初期上漲行情回檔洗盤結束、放量突破關鍵點位後，對籌碼鎖定性好、高度控盤的目標股票展開快速拉升的行為。此時，量價關係呈現股價快速上漲，成交量卻相應萎縮的短期量價背離特徵。

　　這種關係下，目標股票的走勢不管是在拉升的啟動、回檔洗盤以及股價見頂的時空把握上，都很難預測。面對這種情況，投資者可以提前在目標股票回檔洗盤結束回穩、放量突破關鍵點位時，逢低買進籌碼，或者在縮量快速拉升的當天或次日集合競價時，以漲停價提前掛買單排隊等待買進。

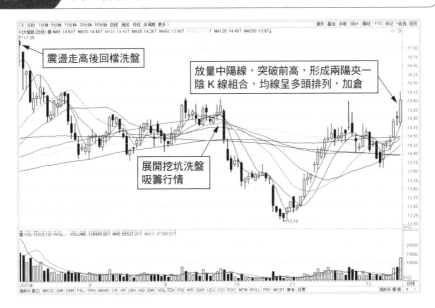

圖4-14 川大智勝（002253）2021年12月15日的K線走勢圖

◎川大智勝（002253）

圖4-14是該股2021年12月15日的K線走勢圖。該股從前期相對高位，2017年4月7日最高價33.80元，一路震盪下跌，至2018年10月12日最低價11.42元止穩，下跌時間長、跌幅大，而且期間有過多次大幅度反彈。

股價止穩後，主力機構展開強勢整理行情，收集籌碼，然後快速向上推升股價，並展開長期的大幅度整理，低買高賣賺取價差，獲利與洗盤吸籌並舉，考驗投資者的信心。期間成交量呈間斷性萎縮狀態。

大幅橫盤震盪整理行情持續2年8個多月後，2021年7月5日，川大智勝開高，股價衝高至當日的最高價17.39元回落，收出一根假陰真陽錘頭K線，主力機構展開震盪走高後的回檔（挖坑）洗盤吸籌行情。

10月28日，川大智勝開高，收出一根小陰線（當日股價探至最低價12.10元），股價至坑底止穩。此後主力機構開始向上推升股價，收集

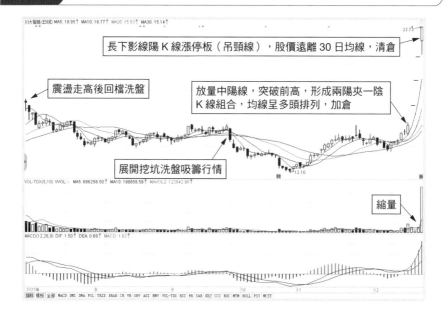

圖4-15　川大智勝（002253）2021 年 12 月 21 日的 K 線走勢圖

籌碼，K線走勢呈紅多綠少、紅肥綠瘦的態勢。**投資者可以考慮進場逢低買進籌碼。**

12月15日，川大智勝開低，收出一根中陽線，突破前高，成交量較前一交易日放大近2倍，與13日的大陽線和14日的十字星形成兩陽夾一陰多方炮K線組合。

此時均線（除250日均線外）呈現多頭排列，MACD、KDJ等各項技術指標走強，股價強勢特徵相當明顯，後市股價快速上漲機率高。**投資者可以在當日或次日進場，加倉買進籌碼，持股待漲。**

圖4-15是川大智勝2021年12月21日收盤時的K線走勢圖，可以看出該股12月15日收出一根放量中陽線，且形成兩陽夾一陰K線組合後，主力機構展開縮量快速拉升行情。

從拉升情況來看，從12月16日開始，主力機構連續拉出3個一字漲停板（從分時走勢看，16日的一字漲停板，投資者還是有進場的機

圖4-16　川大智勝（002253）2021 年 12 月 16 日的分時截圖

成千上萬手的賣盤

開盤後，成交量急速放大

會），量價關係呈現股價快速上漲，而成交量卻逐漸萎縮的短期量價背離關係。12月21日主力機構再次收出一個長下影線錘頭陽K線漲停板。

股價自12月15日收出一根放量中陽線，突破前高，形成兩陽夾一陰K線組合後上漲（收盤價15.52元），至12月21日收出一個長下影線錘頭陽K線漲停板（收盤價22.73元），4個交易日的漲幅相當不錯。

12月21日，川大智勝大幅跳空開高（向上跳空5.13％開盤），收出一個長下影線錘頭陽K線漲停板，成交量較前一交易日放大近9倍，顯露主力機構利用大幅開高、盤中拉高、高位震盪、漲停誘多的操盤手法，引誘跟風盤進場並大量出貨的跡象。

這時候，股價遠離30日均線，而且漲幅較大，KDJ等部分技術指標走弱，盤面的弱勢特徵顯現。**投資者手中如果還有籌碼，次日應該逢高賣出。**

圖4-16是川大智勝12月16日開盤後至9：32的分時截圖。這也是該股12月15日收出一根放量中陽線，突破前高，形成兩陽夾一陰K線組合後，第一個一字漲停板。

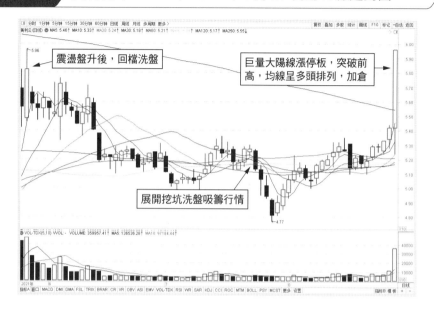

圖4-17　美利雲（000815）2021 年 8 月 27 日的 K 線走勢圖

從這2分多鐘的分時截圖看，該股漲停開盤，開盤後2分鐘內的賣單量較大。從盤面右邊9：30至9：32的成交明細可以看出，開盤後，成千上萬手的賣盤快速成交，且當日收盤週轉率達到3.69％，成交活躍。**前一交易日沒有進場的投資者，只要在當天早盤集合競價時，以漲停價掛單排隊跟進，都有買進希望。**

◎美利雲（000815）

圖4-17是該股2021年8月27日收盤時的K線走勢圖，可以看出該股正處於上升趨勢。股價從前期相對高位，2019年5月16日最高價16.18元，一路震盪下跌，至2021年2月8日最低價4.36元止穩，下跌時間長且跌幅大，且期間有多次大幅度的反彈。股價止穩後，主力機構快速推升股價、收集籌碼，展開震盪盤升行情，洗盤吸籌並舉，期間拉出過2個漲停板，都是吸籌建倉型漲停板。

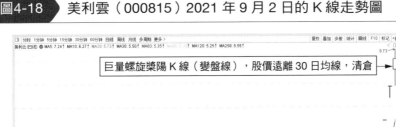

圖4-18　美利雲（000815）2021 年 9 月 2 日的 K 線走勢圖

　　5月26日，美利雲開低，股價衝高至當日最高價5.96元回落，主力機構展開震盪盤升後的回檔（挖坑）洗盤吸籌行情。7月28日，該股開低，收出一根中陰線（當日股價探至最低價4.77元），股價至坑底止穩。此後主力機構開始向上推升股價，收集籌碼，K線走勢呈紅多綠少、紅肥綠瘦的態勢。**投資者可以考慮進場，逢低買進籌碼。**

　　8月27日，美利雲以平盤開出，收出一個大陽線漲停板，突破前高，成交量較前一交易日放大3倍多，形成大陽線漲停K線形態。這時候的均線（除250日均線外）呈現多頭排列，MACD、KDJ等各項技術指標走強，股價強勢特徵相當明顯，後市股價快速上漲機率高。

　　面對這種情況，**投資者可以在當日（從當日的分時走勢來看，有進場機會）或次日進場，加倉買進籌碼、持股待漲，待股價出現明顯見頂訊號時再賣出。**

　　圖4-18是美利雲2021年9月2日收盤時的K線走勢圖。8月27日，該

股收出一個巨量大陽線漲停板、突破前高、形成大陽線漲停K線形態後，主力機構展開縮量快速拉升行情。

從拉升情況來看，8月30日主力機構連續拉出2個一字漲停板，量價關係呈現股價快速上漲，而成交量卻大幅萎縮的短期量價背離關係，9月1日，美利雲再次收出一個T字漲停板。

股價從8月27日收出一個巨量大陽線漲停板、突破前高、形成大陽線漲停K線形態（收盤價5.96元），至9月2日收出一根螺旋槳陽K線（收盤價8.53元），5個交易日的漲幅相當可觀。

9月2日，美利雲大幅跳空開高（向上跳空4.53％開盤），股價衝高回落，收出一根螺旋槳陽K線，成交量較前一交易日放大2倍多。

從當日分時走勢看，早盤該股大幅開高後，股價衝高回落，然後展開震盪（盤升）走勢，13：56封上漲停板，然後漲停板反覆打開封回多次，14：06漲停板再次被打開，股價震盪回落至收盤，顯露主力機構利用開高、拉高、高位震盪、漲停板反覆打開封回再打開的操盤手法，引誘跟風盤進場並大量出貨的跡象。

此時股價遠離30日均線且漲幅大，KDJ等部分技術指標走弱，盤面弱勢特徵顯現。**投資者手中如果還有籌碼，次日應該逢高賣出，也可繼續追蹤觀察。**

圖4-19是美利雲8月27日14：06的分時截圖，當天收出一個大陽線漲停板，突破前高，成交量較前一交易日放大3倍多，股價的強勢特徵十分明顯。早盤以平盤開出然後回落，持續展開小幅橫盤震盪整理行情，至13：36突然放量，股價分三個波次上衝，於13：55漲停，14：04被大賣單砸開，14：06再次封回漲停板，直至收盤。

從盤面右邊14：04～14：06的成交明細，可以看出有成千上百手的賣盤（當日收盤，在盤面也有成千上百手的賣盤），**如果投資者當天想進場，在股價放量拉升期間，以及漲停板打開再封回時，是最佳時機。**在漲停板封死後，**以漲停價掛買單排隊等候買進的投資者，收盤前應該都有成交希望。**

圖4-19　美利雲（000815）2021 年 8 月 27 日的分時截圖

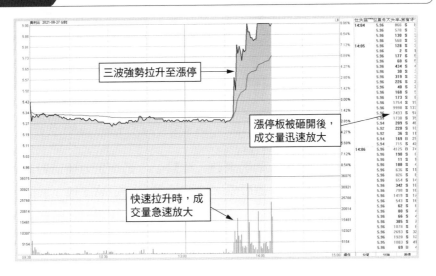

三波強勢拉升至漲停

漲停板被砸開後，成交量迅速放大

快速拉升時，成交量急速放大

4-5

【縮量快速拉升股價 ②】
隨後主力強勢調整，
成交量逐漸萎縮

縮量快速拉升股價後，強勢調整（洗盤），是指主力機構對籌碼鎖定性好、已經高度控盤的目標股票，快速拉升至一定高度後，展開小幅震盪調整（洗盤），目的是進一步清洗獲利盤，為後續拉升積蓄力量。這種調整屬於縮量快速拉升途中的強勢調整（洗盤），成交量呈現逐漸萎縮的狀態。

由於主力機構操盤手法、風格、對各目標股票籌碼鎖定和控盤程度的不同，縮量快速拉升的幅度和後期走勢也各不相同。將目標股票縮量拉升至一定高度後，有的主力機構直接出貨；有的採取邊拉邊洗的操盤手法，向上拉出利潤空間，然後採取打壓方式出貨；有的利用震盪調整（洗盤）方式掩護出貨。

所以，投資者對於縮量快速拉升、超過3個一字板（T字板）的個股，要格外小心、謹慎對待，一定要注意盯盤，做好可以隨時賣出的準備。這裡分析四種情況，包括：強勢調整（洗盤）、直接出貨、放量打壓出貨及利用調整方式掩護出貨。

⑤ 強勢調整（洗盤）

當縮量快速拉升後，主力機構強勢調整（洗盤）。換句話說，主力機構將目標股票快速拉升至一定高度後，展開小幅震盪調整（洗盤），到位後繼續向上拉升。

量價特徵為快速拉升時，量縮價漲。剛調整（洗盤）時，量增價平

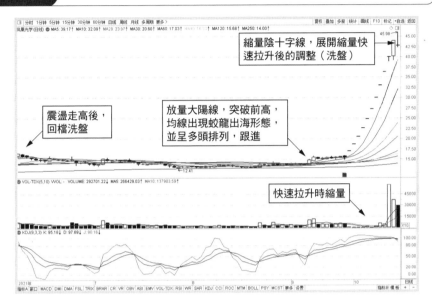

圖4-20　鳳凰光學（600071）2021 年 10 月 22 日的 K 線走勢圖

或價跌，然後逐漸量縮價平或價跌。

◎鳳凰光學（600071）

　　圖4-20是該股2021年10月22日收盤時的K線走勢圖，可以看出個股正處於上升趨勢中。股價從前期相對高位，2016年7月11日最高價31.10元，一路震盪下跌，至2018年10月25日最低價6.76元止穩，下跌時間長、跌幅大，而且期間有過多次較大幅度的反彈。

　　股價止穩後，主力機構快速推升股價、收集籌碼，然後展開長期、大幅度的震盪盤升行情，低買高賣賺取價差，獲利與洗盤吸籌並舉，折磨投資者的耐力，期間成交量呈現間斷性放大狀態。

　　大幅震盪盤升行情持續2年7個多月後，鳳凰光學開低，股價衝高至當日最高價16.50元回落，收出一根大陰線，主力機構展開震盪走高後的回檔洗盤吸籌行情。

7月28日，鳳凰光學開低，收出一根錘頭陽K線（當日股價探至最低價12.41元），股價止穩，回檔洗盤行情結束。此後，主力機構開始向上推升股價、收集籌碼，K線走勢呈紅多綠少、紅肥綠瘦的態勢。**投資者可以考慮進場，逢低買進籌碼。**

9月7日，鳳凰光學開低，收出一根大陽線（收盤漲幅8.03％），突破前高，成交量較前一交易日放大4倍多。當日股價向上突破5日、10日、60日、90日和120日均線（一陽穿5線），20日、30日和250日均線在股價下方向上移動，形成蛟龍出海形態。

此時均線（除60日均線外）呈現多頭排列，MACD、KDJ等各項技術指標走強，股價強勢特徵顯現，後市上漲機率高。**投資者可以在當日或次日進場，分批買進籌碼。**

9月8日，鳳凰光學開低，再次收出一根大陽線（漲幅4.66％），然後展開強勢整理行情。股價強勢整理期間，正是**投資者進場逢底分批買進籌碼的好時機。**

9月30日，由於受重組利多的刺激，鳳凰光學早盤漲停開盤，收盤收出一個一字漲停板，開啟縮量快速拉升行情。此後主力機構一口氣拉出10個漲停板，其中8個一字板、1個T字板和1個大陽線漲停板。

10月22日，鳳凰光學開低，股價衝高回落，收出一根長上影線陰十字線，展開縮量快速拉升後的強勢調整（洗盤）。此時短中長期均線呈現多頭排列，MACD等其他各項技術指標強勢，股價強勢特徵十分明顯。但由於**股價漲幅太大，對於這種高位強勢調整的個股，投資者要謹慎操作。**

圖4-21是鳳凰光學2021年11月10日收盤時的K線走勢圖。該股10月22日收出一根縮量陰十字線後，主力機構展開縮量快速拉升後的強勢調整（洗盤）。

11月1日，連續縮量強勢調整（洗盤）5個交易日後，鳳凰光學開低，收出一根大陽線（收盤漲幅6.62％），股價拉回到5日、10日均線上，成交量較前一交易日明顯放大。

此時均線呈現多頭排列，MACD、KDJ等技術指標走強，股價強勢

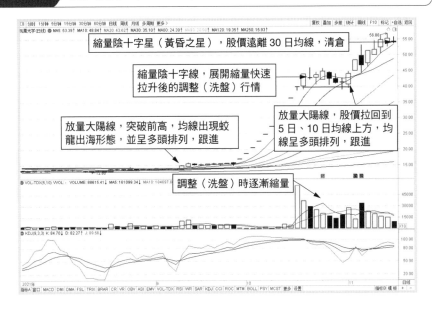

圖4-21　鳳凰光學（600071）2021年11月10日的K線走勢圖

特徵十分明顯，後市快速上漲機率高。**投資者可以在當日或次日進場，逢低適當買進籌碼**。之後主力機構展開最後的拉升行情。

　　從拉升情況來看，主力機構依託5日均線向上拉升股價，股價幾乎呈直線上升，11月1日至11月10日，7個交易日拉出5根陽線，其中2個漲停板，整個強勢調整（洗盤）後的上漲走勢非常順暢。

　　從股價來看，自11月1日收出一根放量大陽線、突破前高（收盤價43.98元），至11月10日收出一根陰十字星（收盤價53.98元），7個交易日的漲幅很大。不過股價已處於高位，危險係數也較高。

　　11月10日，鳳凰光學開低，股價衝高回落，收出一顆陰十字星，成交量較前一交易日萎縮，加上前一交易日收出的一根螺旋槳陽K線，代表主力機構利用高位震盪整理的操盤手法，引誘跟風盤進場並出貨。

　　此時股價遠離30日均線且漲幅大，KDJ等部分技術指標走弱，盤面弱勢特徵顯現。**投資者手中如果還有籌碼，次日應該逢高賣出**。

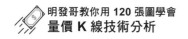

圖4-22　中銳股份（002374）2021 年 12 月 21 日的 K 線走勢圖

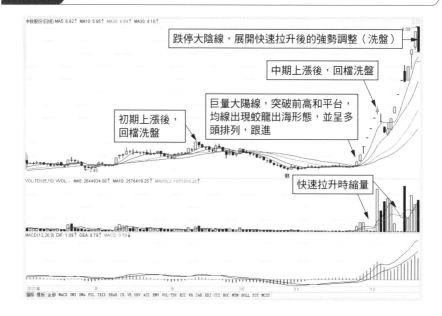

◎中銳股份（002374）

圖4-22是該股2021年12月21日收盤時的K線走勢圖。可以看出個股正處於上升趨勢中。中銳股份的股價從前期相對高位，2016年11月8日最高價10.46元，一路震盪下跌，至2021年1月13日最低價1.99元止穩，下跌時間長且跌幅大，而且下跌期間有過許多次大幅度的反彈。

股價止穩後，主力機構快速推升股價，收集籌碼，然後展開大幅度震盪盤升行情，低買高賣賺取價差，獲利與洗盤吸籌並舉，期間成交量呈間斷性放大狀態。

大幅震盪盤升行情持續8個月後，9月13日，中銳股份開高（3.56元開盤），股價回落，收出一根大陰線，主力機構展開初期上漲後的回檔洗盤吸籌行情。

10月28日，中銳股份開高，股價衝高回落，收出一根小陰線（當日股價探至最低價2.46元），股價止穩，回檔洗盤行情結束。此後主力機

構緩慢向上推升股價，收集籌碼，K線走勢呈紅多綠少，紅肥綠瘦的態勢。**投資者可以考慮進場逢低買進籌碼。**

11月25日，中銳股份開高，收出一根大陽線（收盤漲幅6.49％），突破前高和平台，成交量較前一交易日放大5倍多。當日的股價向上突破5日、10日、30日和120日均線（一陽穿4線），20日和250日均線在股價下方向上移動，60日和90日均線在股價上方下行，形成蛟龍出海形態。

此時均線（除60日、90日均線外）呈現多頭排列，MACD、KDJ等各項技術指標走強，股價強勢特徵顯現，後市上漲機率高。**投資者可以在當日或次日進場買進籌碼。**

11月26日，由於受回購利多的刺激，中銳股份跳空開高，收出一個大陽線漲停板，突破前高，成交量較前一交易日明顯放大，形成大陽線漲停K線形態。

此時均線（除60日均線外）呈現多頭排列，MACD、KDJ等各項技術指標強勢，股價強勢特徵十分明顯，後市上漲機率非常高。**投資者可以在當日或次日進場，加倉買進籌碼。**

11月29日，中銳股份漲停開盤，收出一個T字漲停板，開啟縮量快速拉升行情。之後主力機構一口氣拉出3個一字板。

12月3日，中銳股份大幅跳空開高（向上跳空5.56％開盤），股價衝高回落，收出一根小螺旋槳陽K線，主力機構展開中期上漲後的回檔洗盤吸籌行情。**投資者可以在當日或次日，逢高先賣出手中籌碼，待股價調整到位後，再將籌碼接回。**

12月8日，中銳股份開低，股價衝高回落，收出一根長上影線大陽線（當日股價探至最低價3.83元），股價止穩，中期上漲後的回檔洗盤吸籌行情結束。**投資者可以在當日或次日進場加倉買進籌碼。**

12月9日，中銳股份開低，成交量較前一交易日萎縮，收出一個大陽線漲停板，突破前高，再次開啟縮量快速拉升行情。至12月20日，7個交易日拉出6個漲停板，其中2個一字板、1個小陽線漲停板、2個大陽線漲停板和1個長下影線陽線漲停板。

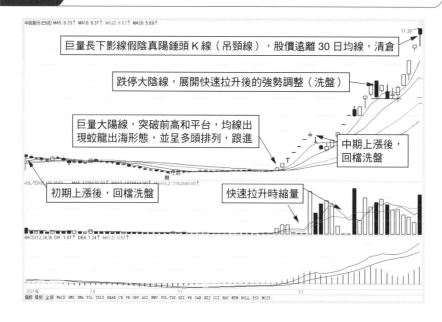

圖4-23　中銳股份（002374）2021 年 12 月 31 日的 K 線走勢圖

巨量長下影線假陰真陽錘頭 K 線（吊頸線），股價遠離 30 日均線，清倉

跌停大陰線，展開快速拉升後的強勢調整（洗盤）

巨量大陽線，突破前高和平台，均線出現蛟龍出海形態，並呈多頭排列，跟進

中期上漲後，回檔洗盤

初期上漲後，回檔洗盤

快速拉升時縮量

12月21日，中銳股份開高，股價回落，收出一根跌停大陰線，成交量較前一交易日略有放大，主力機構展開縮量快速拉升後的強勢調整（洗盤）。

此時短中長期均線呈現多頭排列，MACD等其他各項技術指標強勢，股價強勢特徵仍十分明顯。但由於股價漲幅過大，**對於這種高位強勢調整（洗盤）的個股，投資者還是要關注成交量、均線及其他技術指標的變化，注意盯盤，謹慎操作。**

圖4-23是中銳股份2021年12月31日收盤時的K線走勢圖。該股12月21日收出一根跌停大陰線，主力機構展開縮量快速拉升後的強勢調整（洗盤）行情。

12月27日，連續縮量強勢調整4個交易日後，中銳股份開低，收出一根長下影線大陽線（當日股價最低探至6.80元，收盤漲幅5.91%），突破前高，成交量相較前一交易日略有放大，股價拉回到5日、10日均

線上。

此時，均線呈現多頭排列，MACD、KDJ等技術指標走強，股價強勢特徵仍然十分明顯，後市快速上漲機率高。**投資者可以在當日或次日進場，逢低適當買進籌碼，並謹慎操作。**之後主力機構展開最後的拉升行情。

從拉升情況來看，主力機構依託5日均線向上拉升股價，股價幾乎呈直線上升，至12月31日，4個交易日拉出3個漲停板，整個強勢調整（洗盤）後的上漲走勢非常順暢。

股價從12月27日收出一根長下影線放量大陽線、突破前高（收盤價7.70元），至12月31日收出一根假陰真陽長下影線錘頭K線（收盤價10.90元），4個交易日的漲幅非常大。不過，股價已處高位，危險係數也較高。

12月31日，中銳股份漲停開盤，收出一根長下影線假陰真陽錘頭K線，成交量較前一交易日放大3倍多。

從當日分時走勢看，該股早盤漲停開盤，9：33漲停板被大賣單砸開，成交量急速放大，此後該股反覆漲停、打開多次，每打開一次，成交量都急速放大，9：55漲停板被打開後，股價震盪下行，尾盤有所拉高，代表主力機構利用反覆漲停打開、高位震盪的操盤手法，引誘跟風盤進場而大量出貨。

此時股價遠離30日均線且漲幅大，KDJ等部分技術指標走弱，盤面弱勢特徵顯現。**投資者手中如果還有籌碼，次日應該逢高清倉。**

💲 直接出貨

當縮量快速拉升後，主力機構直接出貨。主力機構從縮量快速拉升起，一口氣將股價拉出利潤和出貨空間，然後直接出貨。出貨的第一個交易日，一般會急速跌至跌停板，之後跌速趨於平緩，並且伴隨短暫反彈，以麻痺投資者。量價特徵表現為快速拉升時量縮價漲，直接出貨時量增價跌。

圖4-24 南嶺民爆（002096）2021 年 10 月 19 日的 K 線走勢圖

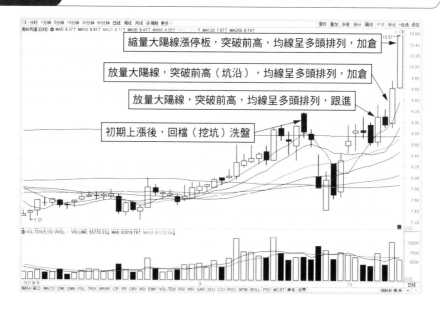

◎南嶺民爆（002096）

圖4-24是該股2021年10月19日收盤時的K線走勢圖，可以看出該股正處於上升趨勢中。股價從前期相對高位，2020年12月10日最高價15.17元，急速下跌至2021年1月14日最低價6.15元止穩，下跌時間不長，但跌勢急且跌幅大。

股價止穩後，主力機構快速推升股價，收集籌碼，展開大幅震盪盤升行情，低買高賣賺取價差，獲利與洗盤吸籌並舉，折磨投資者的信心和耐力。期間成交量呈間斷性放大狀態，主力機構拉出11個漲停板，多數為吸籌建倉型漲停板。

大幅震盪盤升行情持續8個多月後，9月23日，南嶺民爆開高（9.15元開盤），股價回落，收出一根小陰線，主力機構展開初期上漲後的回檔（挖坑）洗盤吸籌行情。

9月28日，南嶺民爆大幅開低（向下跳空－5.00％開盤），收出一

根中陽線（當日股價探至最低價7.41元），股價至坑底止穩，初期上漲後的回檔洗盤行情結束。之後主力機構繼續向上推升股價、收集籌碼。這時，**投資者可以考慮進場，逢低買進籌碼。**

10月14日，南嶺民爆開高，收出一根大陽線（收盤漲幅為5.45％），突破前高（大致上已經突破坑沿），成交量相較前一交易日放大將近2倍。

此時，均線呈現多頭排列，MACD、KDJ等各項技術指標走強，股價的強勢特徵相當明顯，後市上漲機率高。這時候，**投資者可以在當日或次日買進籌碼。次日，主力機構強勢調整一個交易日，也是進場的好時機。**

10月18日，南嶺民爆開高，收出一根放量大陽線（收盤漲幅7.49％），突破前高，成交量較前一交易日放大2倍多。此時均線呈現多頭排列，MACD、KDJ等各項技術指標持續走強，股價的強勢特徵十分明顯，後市上漲機率非常高。這時，**投資者可以在當日或次日進場，加倉買進籌碼。**

10月19日，南嶺民爆開高，由於成交量較前一交易日大幅萎縮，收出一個大陽線漲停板，突破前高，形成大陽線漲停K線形態。這時候，**前期沒有進場的投資者，可以在當日搶漲停板，或在次日積極尋機，加倉買進籌碼。**

下頁圖4-25是南嶺民爆2021年11月12日收盤時的K線走勢圖。該股10月18日收出一根放量大陽線，突破前高（坑沿），10月19日收出一個大陽線漲停板，主力機構正式開啟縮量快速拉升行情。

當天晚上，南嶺民爆向外公告宣稱，公司因重大資產重組，從10月20日開始停牌，預計不超過10個交易日。公司準備向35名特定投資者非公開發行股票募集配套資金，購買中國葛洲壩（600068）集團易普力100％股份。易普力已形成民爆物品研發、生產、銷售、運輸、爆破施工的完整產業鏈，廣泛服務能源工程及基礎設施建設等領域。

本次交易完成後，公司將成為民爆行業產能規模第一的上市公司。葛洲壩預計成為南嶺民爆控股股東，中國能建（601868）將成為南嶺民

> **圖4-25** 南嶺民爆（002096）2021 年 11 月 12 日的 K 線走勢圖

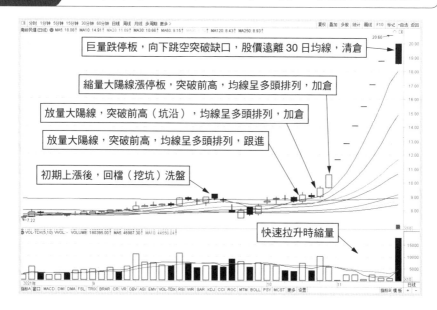

爆的間接控股股東。

　　從11月3日複牌開始，主力機構連續拉出7個縮量一字漲停板，漲停原因即上述重大資產重組概念炒作。從該股10月18日收出一根放量大陽線，突破前高（收盤價9.61元），至11月12日收出一個大陰線跌停板（收盤價18.54元），9個交易日的漲幅巨大。

　　11月12日，南嶺民爆跳空開低，直接跌停，收出一個大陰線跌停板，留下向下跳空突破缺口，成交量較前一交易日放大16倍多，透露主力機構毫無顧忌出貨的堅決態度。

　　此時，股價遠離30日均線且漲幅大，MACD、KDJ等技術指標走弱，盤面的弱勢特徵非常明顯。**投資者手中如果還有籌碼，次日一定要逢高清倉。**

$ 放量打壓出貨

當縮量快速拉升後，主力機構放量打壓出貨。主力機構將目標股票股價拉升至一定高度後，採取縮量快速拉升的操盤手法，繼續向上拉出利潤和出貨空間，採取直接打壓的方式出貨。

打壓出貨時，K線走勢連續收出急跌陰線，分時走勢一般以尾盤突然砸板快速出逃，讓其他投資者措手不及的操盤手法，展開快速出貨，打壓出貨的速度快、力度大。量價特徵為快速拉升時量縮價漲，打壓出貨時量增價跌。

◎紅寶麗（002165）

下頁圖4-26是該股2021年9月7日收盤時的K線走勢圖。可以看出該股此時正處於上升趨勢中。紅寶麗的股價從前期相對高位，2020年8月12日最高價7.98元，一路震盪下跌，至2021年7月30日最低價4.50元止穩，下跌時間較長、跌幅較大，且期間有過多次幅度較大的反彈。

股價止穩後，主力機構開始向上推升股價，收集籌碼，底部逐漸抬高，K線走勢呈小陽小陰、紅多綠少、紅肥綠瘦的態勢。

9月3日，紅寶麗開低，收出一根長上影線中陽線（仙人指路），突破前高，成交量相較於前一交易日，放大2倍多。當日，股價向上突破5日、10日、20日和120日均線（一陽穿4線），而30、60和90日均線在股價下方向上移動，250日均線在股價上方向下移動，形成蛟龍出海形態。

此時均線（除120日、250日均線外）呈現多頭排列，MACD、KDJ等各項技術指標走強，股價強勢特徵顯現，後市上漲機率高。這時，**投資者可以在當日或次日進場買進籌碼。**

9月7日，紅寶麗以平盤開出，收出一個巨量大陽線漲停板，突破前高和平台，成交量相較前一交易日放大3倍多，形成大陽線漲停K線形態。此時，均線（除120日、250日均線外）呈現多頭排列，MACD、KDJ等各項技術指標走強，股價的強勢特徵相當明顯，後市持續快速上

图4-26　紅寶麗（002165）2021 年 9 月 7 日的 K 線走勢圖

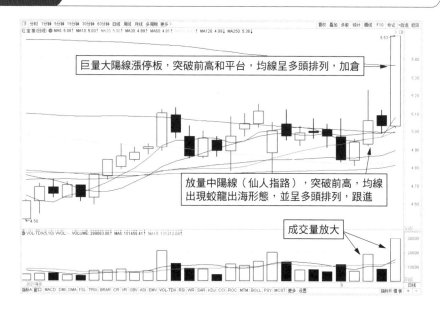

巨量大陽線漲停板，突破前高和平台，均線呈多頭排列，加倉

放量中陽線（仙人指路），突破前高，均線出現蛟龍出海形態，並呈多頭排列，跟進

成交量放大

漲的機率高。

　　這時，**投資者可以在當日或次日進場加倉買進籌碼，持股待漲，待出現明顯見頂訊號時再賣出**。之後主力機構加速向上拉升股價。

　　圖4-27是紅寶麗2021年9月23日收盤時的K線走勢圖。該股9月7日收出一個巨量大陽線漲停板、突破前高、形成大陽線漲停K線形態後，主力機構加速向上拉升股價。

　　從拉升情況來看，主力機構依託5日均線向上拉升股價，股價幾乎呈直線上升。可將拉升行情分為兩個階段。

　　第一階段，9月8日至16日，主力機構加速拉升股價，成交量呈逐漸放大狀態，**投資者可以積極進場逢低買進籌碼**。

　　第二階段，9月17日至18日，主力機構快速拉升股價，拉出2個一字板，成交量呈萎縮狀態。

　　紅寶麗從9月7日主力機構拉出一個大陽線漲停板、突破前高、形成

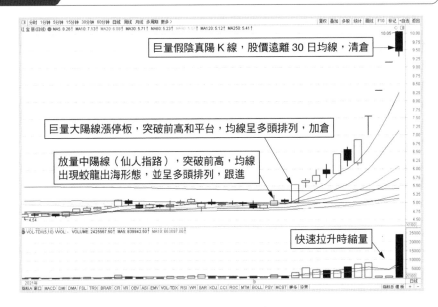

圖4-27 紅寶麗（002165）2021年9月23日的K線走勢圖

巨量假陰真陽K線，股價遠離30日均線，清倉

巨量大陽線漲停板，突破前高和平台，均線呈多頭排列，加倉

放量中陽線（仙人指路），突破前高，均線
出現蛟龍出海形態，並呈多頭排列，跟進

快速拉升時縮量

大陽線漲停K線（收盤價5.53元），至9月23日收出一根假陰真陽K線
（收盤價9.45元），10個交易日的漲幅相當不錯。

　　9月23日，紅寶麗漲停開盤，收出一根假陰真陽K線，成交量較前
一交易日放大26倍多。

　　從當日分時走勢看，該股早盤漲停開盤，10：06漲停板被大賣單砸
開，成交量急速放大，之後漲停板反覆打開封回，每次成交量都急速放
大。14：16漲停板被打開後，股價快速震盪下行至收盤，屬於主力機構
尾盤打壓跳水快速出貨，當日收盤漲幅3.39％。

　　這種情況代表主力機構利用漲停誘多、漲停板反覆打開封回的操盤
手法，引誘跟風盤進場，而大量出貨，以及尾盤打壓跳水毫無顧忌地快
速出貨。

　　此時股價遠離30日均線且漲幅大，KDJ等部分技術指標走弱，盤面
弱勢特徵顯現。**投資者手中如果還有籌碼，次日一定要逢高清倉。**

$ 利用調整的方式掩護出貨

當縮量快速拉升後，主力機構利用調整的方式掩護出貨。主力機構將目標股票股價縮量拉升至一定高度後，採取震盪調整，甚至震盪盤升的方式，麻痺投資者，將手中籌碼悄悄賣出，待籌碼較少時，可能會採取打壓方式直接把籌碼賣完。

量價特徵為快速拉升時量縮價漲，震盪調整盤升出貨時量增價平（或股價略有上漲）。

◎顧地科技（002694）

圖4-28是該股2021年12月31日收盤時的K線走勢圖，可以看出此時該股處於上升趨勢中。股價從前期相對高位，2019年4月17日的最高價7.17元，一路震盪下跌，至2021年2月9日的最低價1.93元止穩，下跌時間長，跌幅大，並且下跌期間有過多次幅度較大的反彈。

股價止穩後，主力機構快速向上推升股價，收集籌碼，展開震盪盤升行情，低買高賣賺取價差，獲利與洗盤吸籌並舉，期間成交量呈間斷性放大狀態。

9月23日，顧地科技開高，股價衝高至當日最高價3.86元回落，收出一根螺旋槳陽K線，主力機構展開初期上漲行情後的回檔洗盤吸籌行情。10月28日，顧地科技開低，收出一顆陰十字星（當日股價探至最低價2.62元），股價至坑底止穩，初期上漲後的回檔洗盤行情結束。此後主力機構繼續向上推升股價，收集籌碼。這時**投資者可以考慮進場逢低買進籌碼。**

12月29日，顧地科技開低，收出一個大陽線漲停板，一陽吞5陰（吞沒之前的5根陰線），突破前高，成交量較前一交易日放大4倍多，形成大陽線漲停K線形態。

此時，均線呈現多頭排列，MACD、KDJ等各項技術指標走強，股價的強勢特徵相當明顯，後市快速上漲的機率高。**投資者可以在當日或次日進場加倉買進籌碼。**次日該股緊接著拉出一個縮量大陽線漲停板，

圖4-28　顧地科技（002694）2021 年 12 月 31 日的 K 線走勢圖

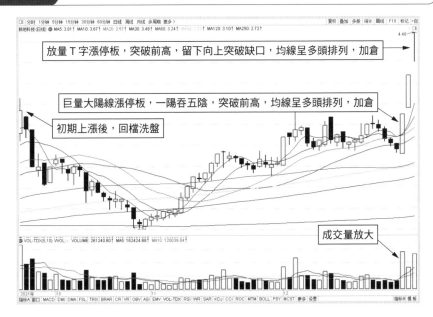

突破前高，股價強勢特徵十分明顯。

　　12月31日，顧地科技漲停開盤，收出一個T字漲停板（從當日的分時走勢看，如果投資者當日想進場，是有機會的），突破前高，成交量較前一交易日明顯放大，形成T字漲停K線形態。此時，均線呈現多頭排列，MACD、KDJ等各項技術指標強勢，股價的強勢特徵非常明顯，後市持續快速上漲的機率非常高。**投資者可以在當日搶漲停板，或在次日集合競價時，以漲停價掛買單排隊等候買進籌碼。**

　　下頁圖4-29是顧地科技2022年1月14日收盤時的K線走勢圖。該股12月31日拉出一個放量T字漲停板，突破前高，形成T字漲停K線形態後，主力機構開啟縮量快速拉升行情。

　　從2022年1月4日開始，主力機構連續拉出4個縮量漲停板，其中1個小T字漲停板，3個一字漲停板。加上之前的2個大陽線漲停板和1個長下影線T字漲停板，一共拉出7個漲停板，漲幅非常可觀。

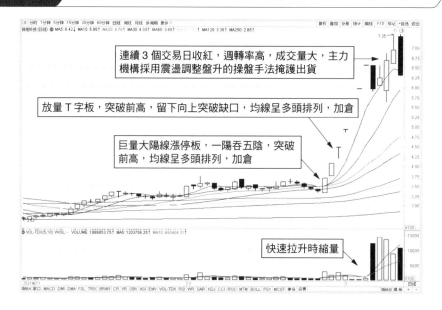

圖4-29 顧地科技（002694）2022 年 1 月 14 日的 K 線走勢圖

　　1月10日，顧地科技以平盤開出後直接回落，收出一根高位看跌吞沒大陰線（股價見頂的訊號），成交量相較前一交易日放大將近21倍，收盤漲幅－9.30％，顯露出主力機構利用開高、盤中拉高等手法，毫無顧忌出貨的堅決態度。此時，股價遠離30日均線且漲幅大，MACD、KDJ等技術指標走弱，盤面顯現弱勢特徵。**投資者手中如果還有籌碼，次日一定要逢高賣出。**

　　1月11日，顧地科技開高，股價衝高回落，收出一根長上影線大陽線，成交量較前一交易日明顯放大。

　　從當日分時走勢看，早盤開盤後，股價快速衝高至漲停，9：51分漲停板被大賣單砸開，成交量急速放大，之後股價展開高位震盪，多次觸及漲停，代表主力機構採取漲停、漲停打開、高位震盪、觸及漲停的操盤手法，引誘跟風盤進場而大量出貨。

　　12日、13日，主力機構連續跳空開低，收出兩根大陽線，成交量呈

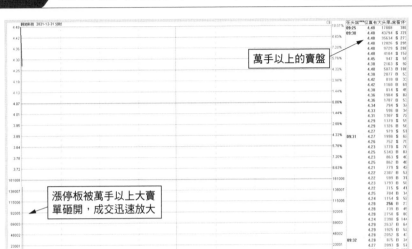

圖4-30　顧地科技（002694）2021 年 12 月 31 日的分時截圖

萬手以上的賣盤

漲停板被萬手以上大賣
單砸開，成交迅速放大

逐漸萎縮狀態。從這兩個交易日的分時走勢看，都是開低走高（衝高）
漲停、尾盤漲停板被打開，且回落幅度較大，成交量放大、週轉率高，
顯示主力機構採取開低，然後對敲或對倒拉高、漲停、尾盤漲停板打開
的操盤手法，引誘跟風盤進場並大量出貨。從K線走勢看，3根K線呈震
盪調整盤升的態勢，以此引誘投資者進場，展開掩護出貨。

　　1月14日，顧地科技大幅跳空開高（向上跳空5.19％開盤），股價
回落，收出一根高位看跌吞沒大陰線，成交量較前一交易日明顯放大，
收盤漲幅－9.22％，顯露主力機構利用大幅開高、盤中拉高毫無顧忌打
壓出貨的堅決態度。

　　此時股價遠離30日均線且漲幅大，5日均線拐頭向下，MACD、
KDJ等技術指標走弱，盤面弱勢特徵相當明顯。**投資者手中如果還有籌
碼，次日一定要清倉。**

　　圖4-30是顧地科技2021年12月31日開盤後至9：32的分時截圖。為
主力機構拉出一個縮量大陽線漲停板、突破前高次日的T字漲停板。從
分時走勢看，該股早盤漲停開盤，瞬間被萬手以上大賣單砸開，股價最

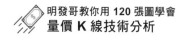
低下探至4.20元，9：32左右封回漲停板。

　　從分時盤面右邊的成交明細可以看出，在漲停板剛砸開時，成千上萬手的大賣單成交不少。9：32分封回漲停板後，千手以上的賣單大量成交，**投資者只要在開盤後，快速掛買單進場，當天應該都能成交。**

4-6

【縮量快速拉升股價 ③】

過程中最後洗盤較為特殊，只出現在大牛股

　　一般情況下，主力機構對目標股票展開快速（縮量）拉升至預期目標後，會選擇直接出貨、打壓出貨或震盪調整盤升出貨。

　　對少數下跌時間長且幅度大，橫盤震盪洗盤徹底，籌碼鎖定程度高，控盤到位的目標股票，主力機構會在快速（縮量）拉升後，展開強勢調整洗盤，然後再展開向上拉升。

　　縮量快速拉升過程中，最後一次洗盤較為特殊，只能出現在大牛股或超級大牛股上。量價特徵為快速拉升時量縮價漲，最後一次調整洗盤時量縮價跌。

◎九安醫療（002432）

　　下頁圖4-31是該股2021年12月31日收盤時的K線走勢圖。這是2021年年底的一檔超級大牛股，從圖中可以看出個股正處於上升趨勢。股價從前期相對高位，2015年11月26日最高價33.98元，一路震盪下跌，至2018年10月19日最低價4.44元止穩，下跌時間長、跌幅大，而且期間有過多次大幅度的反彈。

　　股價止穩後，主力機構快速推升股價，收集籌碼，然後展開大幅震盪盤升行情，低買高賣賺取價差，獲利與洗盤吸籌建倉並舉。

　　大幅震盪盤升行情持續1年7個多月後，該股開低，股價衝高至當日最高價13.96元回落，收出一根假陽真陰錘頭K線，主力機構展開初期上漲後的回檔（挖坑）洗盤吸籌行情。

　　2021年10月28日，九安醫療開高，收出一根小陰線（當日股價探至

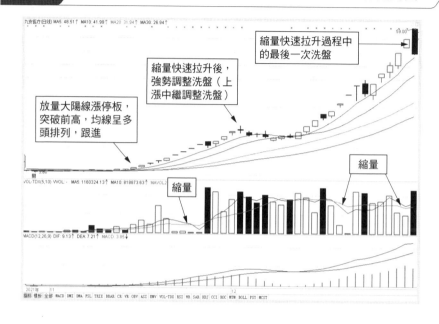

圖4-31　九安醫療（002432）2021 年 12 月 31 日的 K 線走勢圖

最低價5.80元），股價至坑底止穩，回檔（挖坑）洗盤時間持續一年多的時間。

回檔（挖坑）洗盤後期，主力機構利用反彈，低買高賣，打壓股價收集不少籌碼，此時主力機構籌碼集中度較高，控盤比較到位。之後主力機構快速向上推升股價，繼續收集籌碼，成交量穩步放大。這時，**投資者可以考慮進場，逢低買進籌碼。**

11月15日，九安醫療跳空開高，拉出一個大陽線漲停板（因為「股票期權激勵＋新冠檢測」概念炒作），突破前高（坑沿），成交量較前一交易日放大2倍多，形成大陽線漲停K線形態。

此時均線（除120日和250日均線外）呈現多頭排列，MACD、KDJ等各項技術指標走強，股價強勢特徵相當明顯，後市上漲機率高。**投資者可以在當日或次日進場加倉買進籌碼。**

11月16日，九安醫療繼續跳空開高，收出一個放量大陽線漲停板，

突破前高，留下向上跳空突破缺口，形成向上跳空缺口和大陽線漲停K
線形態，股價強勢特徵十分明顯，主力機構即將展開快速拉升行情。面
對這種情況，**前期沒有進場的投資者在後續操作中，可以積極尋機加倉
買進籌碼。**

之後股價幾乎呈直線上升，11月17日至12月1日，11個交易日主力
機構拉出10個漲停板，其中有4個連續縮量一字板。

12月2日，九安醫療開高，股價衝高至最高價22.94元回落，收出一
顆假陰真陽十字星，主力機構展開縮量快速拉升後的強勢調整洗盤（上
漲中繼調整洗盤）行情。

12月13日，九安醫療開低，收出一個大陽線漲停板，突破前高，股
價拉回到5日、10日均線上方，成交量較前一交易日明顯放大，形成大
陽線漲停K線形態。

這時候，5日、10日均線形成黃金交叉，呈現多頭排列，MACD、
KDJ等各項技術指標走強，股價強勢特徵相當明顯，後市持續上漲機率
高。對此，**投資者可以在當日或次日進場，加倉買進籌碼。**

之後主力機構展開快速（縮量）拉升行情，12月13日至12月30日，
共14個交易日，主力機構又拉出11個漲停板。

12月31日，九安醫療大幅跳空開高（向上跳空7.16％開盤），股價
回落，收出一根看跌吞沒跌停大陰線，成交量較前一交易日放大2倍
多，主力機構展開縮量快速拉升過程中的最後一次洗盤，洗盤過程中成
交量呈萎縮狀態。**投資者可以在當日或次日逢高賣出手中籌碼，待股價
回檔洗盤到位後，再進場適量買進籌碼。**

下頁圖4-32是九安醫療2022年1月18日收盤時的K線走勢圖。該股
12月31日大幅跳空開高回落，收出一根看跌吞沒跌停大陰線，主力機構
展開快速拉升過程中的最後一次洗盤，在洗盤時，成交量呈現萎縮狀
態。

2022年1月4日、5日股價連續調整2個交易日後，1月6日收出一根小
陽線，股價止跌回升。次日，九安醫療開高，收出一根大陽線（漲幅
6.05％），突破前高，股價拉回到5日、10日均線上，且收盤收在所有

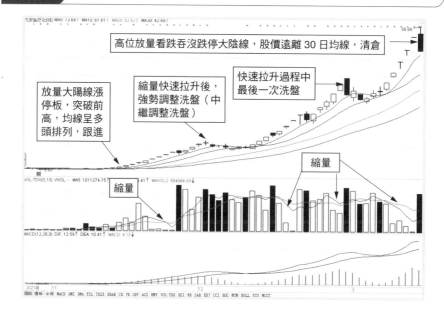

圖4-32　九安醫療（002432）2022 年 1 月 18 日的 K 線走勢圖

均線上方，成交量較前一交易日明顯放大，股價的強勢特徵顯現。

不過，此時的股價已經處高位，投資者一定要謹慎操作，**不建議再進場買進籌碼**。但是，大膽的投資者可以在當日或次日進場買進部分籌碼，待股價出現見頂訊號時立刻清倉。

之後主力機構再次展開快速（縮量）拉升行情，1月10日至1月17日，在6個交易日拉出5個漲停板。

1月18日，九安醫療跳空開高，股價衝高回落跌停，收出一根高位看跌吞沒跌停大陰線，成交量較前一交易日放大35倍多，顯露主力機構利用開高衝高、盤中拉高等手法，毫無顧忌打壓出貨的堅決態度。

此時，股價遠離30日均線且漲幅巨大，MACD、KDJ等技術指標走弱，盤面顯現弱勢特徵。**投資者手中若有籌碼，次日一定要逢高清倉。**

4-7 【間斷式放／縮量 ①】 股價波段式上升，發現見頂訊號就撤出

　　間斷式放／縮量拉升股價，是指主力機構對籌碼鎖定一般、控盤程度不高的目標股票展開拉升的行為，會讓股價以波段式或台階式上升，且成交量呈現間斷式放／縮量的量價關係。會有這種量價關係，除了主力機構籌碼鎖定一般、控盤程度不高的因素之外，也因為主力機構資金不夠雄厚，或是操盤手法不同。

　　另外，股價波段式、台階式上升、股價台階式、波段式互換複合式上升，大幅橫盤震盪或震盪盤升行情，成交量皆會呈現間斷式放／縮量的量價關係。

　　對於主力機構間斷式放／縮量拉升股價的目標股票，投資者可以抱持積極看多做多的樂觀態度，但也要有打持久戰的決心，針對主力機構不同的拉升方式，採取相應的操作策略。

　　舉例來說，在目標股票股價放量上漲有一定幅度後，當股價放量衝高回落或收出長上影線陰／陽K線、螺旋槳K線、放量十字星時，可以考慮先賣出手中籌碼，等待股價經過一段時間縮量橫盤整理或縮量回檔洗盤，出現明顯止跌訊號，重新放量向上突破時，再重新買回籌碼，實現獲利最大化。

　　間斷式放／縮量股價呈波段式上升，是指主力機構對目標股票進行放量拉升到一定幅度後，就展開縮量調整洗盤，待獲利籌碼清洗得差不多後，再展開下一波的放量拉升行情。

　　量價特徵呈現成交量放大，股價快速上漲，成交量逐漸萎縮，股價震盪回落的態勢。雖然股價有起有落，但股價的整體走勢大致都是上升

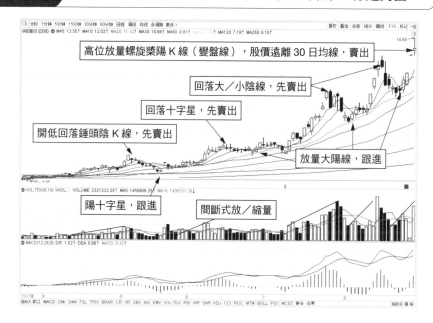

圖4-33　華陽股份（600348）2021 年 8 月 27 日的 K 線走勢圖

趨勢。

　　一般情況下，主力機構透過間斷式放／縮量、股價呈波段式上升到一定高度後，就會展開快速拉升逼空行情，投資者要注意盯盤，待目標股票出現調整特徵或見頂訊號時立刻賣出。

◎華陽股份（600348）

　　圖4-33是該股2021年8月27日收盤時的K線走勢圖，可以看出該股正處於上升趨勢中。股價從前期相對高位，2018年3月16日最高價9.19元，一路震盪下跌，至2020年6月12日最低價4.06元止穩，下跌時間長且跌幅大，期間有多次大幅度的反彈。

　　股價止穩後，主力機構快速推升股價，收集籌碼，然後展開大幅震盪盤升行情，低買高賣賺取價差，獲利與洗盤吸籌建倉並舉。期間成交量呈間斷式放大狀態。

　　2020年12月28日，華陽股份開高，股價衝高至當日最高價6.03元回落，收出一根螺旋槳陰K線，主力機構展開初期上漲後的回檔洗盤吸籌行情。

　　2021年2月8日，華陽股份以平盤開出，收出一根中陽線，當日股價探至最低價4.48元止跌回升，行情結束。

　　2月18日，華陽股份跳空開高，收出一根大陽線，突破前高，留下向上突破缺口，成交量較前一交易日放大2倍多。這時，**投資者可以考慮進場逢低買進籌碼。**

　　3月29日，華陽股份跳空開高，收出一根中陽線，突破前高，留下向上突破缺口，成交量較前一交易日明顯放大。此時均線（除10日、60日均線外）呈現多頭排列，MACD、KDJ等各項技術指標走強，股價強勢特徵顯現，後市股價上漲機率高。這時，**投資者可以在當日或次日進場買進籌碼。**之後主力機構展開第一波段拉升行情，成交量同步放大。

　　5月11日，華陽股份開低，股價回落，收出一根錘頭陰K線，展開縮量回檔洗盤，**投資者可以在當日或次日，逢高先賣出手中籌碼。**

　　5月21日，華陽股份以平盤開出，收出一顆陽十字星，股價止跌回升，**投資者可以在當日或次日買進籌碼。**之後主力機構展開第二波段拉升行情，成交量同步放大。

　　6月17日，華陽股份開低，股價衝高回落，收出一根陰十字星，主力機構展開縮量回檔洗盤行情，**投資者可以在當日或次日逢高先賣出手中籌碼。**

　　6月29日，華陽股份開高，收出一根放量大陽線，股價止跌回升，**投資者可以在當日或次日進場買進籌碼。**之後主力機構展開第三波段拉升行情，成交量同步放大。

　　7月27日，華陽股份開高，股價衝高回落跌停，收出一根看跌吞沒跌停大陰線，展開回檔洗盤，**投資者可以在當日或次日逢高先賣出手中籌碼。**

　　8月4日，華陽股份開高，收出一根放量大陽線，股價止跌回升，**投資者可以在當日或次日進場買進籌碼。**之後主力機構展開第四波段拉升

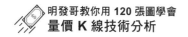

行情，成交量同步放大。

8月16日，華陽股份開高，股價衝高回落，收出一根小螺旋槳陰K線，展開縮量回檔洗盤，**投資者可以在當日或次日，逢高先賣出手中籌碼。**

8月24日，華陽股份開高，收出一根放量大陽線，股價止跌回升，**投資者可以在當日或次日進場買進籌碼。**之後主力機構展開第五波段拉升行情，成交量同步放大。

8月27日，華陽股份跳空開高，股價衝高回落，收出一根螺旋槳陽K線，成交量較前一日放大10倍。此時股價遠離30日均線且漲幅大，KDJ等部分技術指標走弱，盤面弱勢特徵顯現。**投資者手中如果還有籌碼，次日應該逢高賣出，也可繼續追蹤觀察。**

從華陽股份間斷式放／縮量，股價呈波段式上升以來的情況看，自3月29日收出一根中陽線、突破前高、留下向上突破缺口（收盤價5.05元），到8月27日收出一根螺旋槳陽K線（收盤價13.95元），持續時間雖長，但漲幅相當不錯。

◎和邦生物（603077）

圖4-34是該股2021年9月16日收盤時的K線走勢圖，可以看出該股正處於上升趨勢中。和邦生物的股價從前期相對高位，2019年4月8日最高價2.34元，一路震盪下跌，至2021年2月5日最低價1.28元止穩，下跌時間長、跌幅大，而且下跌期間有過多次大幅度的反彈。

下跌後期，主力機構透過試盤和打壓股價，收集不少籌碼建倉。股價止穩後，主力機構開始快速推升股價，收集籌碼，成交量溫和放大，K線走勢呈紅多綠少、紅肥綠瘦的態勢。**投資者可以考慮進場，逢低買進籌碼。**

3月1日，和邦生物以平盤開出，收出一大陽線漲停板，突破前高和平台，成交量較前一交易日放大4倍多，形成大陽線漲停K線形態。此時均線呈多頭排列，MACD、KDJ等各項技術指標走強，股價強勢特徵相當明顯，後市股價上漲機率高。對此，**投資者可以在當日或次日進場。**

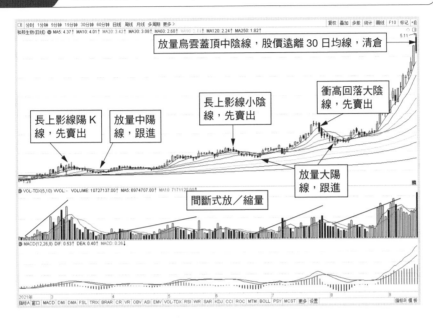

圖4-34 和邦生物（603077）2021 年 9 月 16 日的 K 線走勢圖

之後主力機構展開第一波段拉升行情，成交量同步放大。

3月10日，和邦生物開低，股價衝高後回落，收出一根長上下影線螺旋槳陰K線，展開縮量回檔洗盤，**投資者可以在當日或次日逢高先賣出手中籌碼。**

3月26日，和邦生物以平盤開出，收出一根放量中陽線，股價止跌回升，**投資者可以在當日或次日進場買進籌碼**。之後主力機構展開第二波段拉升行情，成交量同步放大。

6月10日，和邦生物開高，股價衝高回落，收出一根長上影線小陰線，展開縮量回檔洗盤，**投資者可以在當日或次日，逢高先賣出手中籌碼。**

6月25日，和邦生物開高，收出一根放量大陽線，股價止跌回升，**投資者可以在當日或次日進場買進籌碼**。之後主力機構展開第三波段拉升行情，成交量同步放大。

7月27日，和邦生物開高，股價回落、收出一根大陰線，展開縮量回檔洗盤，**投資者可以在當日或次日逢高先賣出手中籌碼。**

8月11日，和邦生物開高，收出一根放量大陽線，股價止跌回升，**投資者可以在當日或次日買進籌碼。**之後主力機構展開第四波段拉升行情，成交量同步放大。

從8月26日開始，和邦生物展開快速拉升行情，股價依託5日均線，直線上行，期間拉出4個漲停板。9月16日，和邦生物大幅開高（向上跳空4.80％開盤），股價回落，收出一根烏雲蓋頂中陰線（看跌反轉訊號），成交量較前一交易日放大2倍多，顯示主力機構開始在高位大量出貨。

這時候，股價遠離30日均線且漲幅大，KDJ等部分技術指標走弱，盤面的弱勢特徵顯現。**投資者手中若有籌碼，次日應該逢高清倉。**

從和邦生物間斷式放／縮量股價呈波段式上升以來的情況看，自3月1日收出一大陽線漲停板，突破前高（收盤價1.57元），到9月16日收出一根烏雲蓋頂中陰線（收盤價4.64元），漲幅相當大。

4-8

【間斷式放／縮量 ②】
拉升到一定高度就橫盤調整，股價台階式上升

　　間斷式放／縮量股價呈台階式上升，是指主力機構在對目標股票放量拉升到一定高度後，就展開縮量橫盤調整洗盤，清洗獲利籌碼，拉高新進場投資者的入場成本，然後再展開下一台階的放量拉升。量價特徵呈現成交量放大，股價快速上漲，成交量逐漸萎縮，股價橫盤震盪整理的態勢。

　　隨著多次反覆的間斷式放／縮量，股價呈台階式上升。股價上升到一定高度後，主力機構會展開快速拉升逼空行情，投資者要注意盯盤，待目標股票出現調整特徵或明顯見頂訊號時，便立刻賣出。

◎協鑫集成（002506）

　　下頁圖4-35是該股2021年8月25日收盤時的K線走勢圖，可以看出該股在2020年8月上中旬有過一波大漲，股價最高上漲至8月14日的6.29元，然後一路震盪下跌，至2021年6月4日最低價2.86元止穩，下跌時間較長且跌幅大，期間有過多次幅度較大的反彈。在下跌後期，主力機構透過試盤打壓，收集不少籌碼建倉。股價止穩後，該股強勢整理2個交易日。

　　6月9日，協鑫集成開高，收出一個大陽線漲停板，突破前高，成交量較前一交易日放大近4倍，形成大陽線漲停K線形態。此時短期均線呈現多頭排列，MACD、KDJ等各項技術指標走強，股價強勢特徵顯現，後市上漲機率高。對此，**投資者可以在當日或次日進場買進籌碼**。之後主力機構放量向上推升股價。

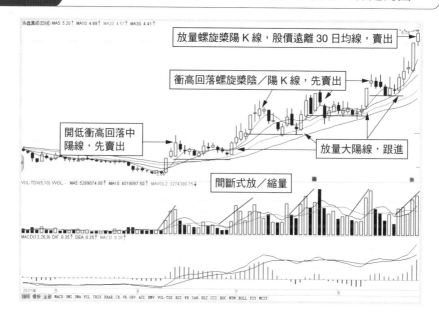

圖4-35 協鑫集成（002506）2021 年 8 月 25 日的 K 線走勢圖

6月11日，協鑫集成開低，股價衝高回落（盤中股價一度衝至漲停），收出一根長上影線陽K線，展開縮量橫盤整理洗盤，**投資者可以在當日或次日逢高先賣出手中籌碼，也可以持股待漲。**

6月30日，協鑫集成以平盤開出，收出一根大陽線，突破前高，成交量較前一交易日放大近3倍。此時短中期均線呈現多頭排列，MACD、KDJ等各項技術指標走強，股價強勢特徵相當明顯，後市股價持續上漲機率高。這時，**投資者可以在當日或次日進場買進籌碼。**之後主力機構展開第二個台階放量拉升。

7月8日，協鑫集成開低，股價衝高回落，收出一根螺旋槳陽K線，展開縮量橫盤整理（震盪）洗盤，**投資者可以在當日或次日逢高先賣出手中籌碼，也可以持股待漲。**

7月21日，協鑫集成開低，收出一根大陽線，突破前高，成交量相較前一交易日明顯放大，這時**投資者可以在當日或次日進場買進籌碼。**

之後主力機構展開第三個台階放量拉升。

　　7月27日，協鑫集成開高，股價衝高回落，收出一根螺旋槳陰K線，展開縮量橫盤整理洗盤，**投資者可以在當日或次日逢高先賣出手中籌碼，也可以持股待漲。**

　　8月10日，協鑫集成開高，收出一個大陽線漲停板，突破前高，成交量相較前一交易日放大2倍多，這時**投資者可以在當日或次日進場買進籌碼。**之後主力機構展開第四個台階放量拉升。

　　8月11日，協鑫集成跳空開高，收出一根螺旋槳陽K線，展開縮量橫盤整理洗盤，**投資者可以在當日或次日逢高先賣出手中籌碼，也可以持股待漲。**

　　8月19日，協鑫集成開高，收出一根大陽線，突破前高，成交量相較前一交易日放大2倍多，**投資者可以在當日或次日進場買進籌碼。**之後主力機構展開快速拉升行情。

　　8月25日，協鑫集成開高，收出一根螺旋槳陽K線，成交量較前一交易日明顯放大，顯示主力機構已經展開高位調整出貨。此時股價遠離30日均線且漲幅較大，加上股價已到2020年8月19日下跌密集成交區，繼續上漲的可能性不高。這時，**投資者如果手中還有籌碼，次日應該逢高賣出。**

　　從協鑫集成間斷式放／縮量，股價呈台階式上升以來的情況看，自6月9日收出一個放量大陽線漲停板（收盤價3.16元），到8月25日收出一根螺旋槳陽K線（收盤價5.71元），漲幅較大。

◎康緣藥業（600557）

　　下頁圖4-36是該股2022年1月12日收盤時的K線走勢圖。該股股價從前期相對高位，2019年11月8日最高價18.19元，一路震盪下跌，至2021年2月4日最低價8.40元止穩，下跌時間長且跌幅大，期間有過多次幅度較大的反彈。股價止穩後，主力機構開始迅速推升股價，收集籌碼，然後展開大幅震盪盤升行情。

　　7月2日，康緣藥業跳空開高，股價衝高至當日的最高價12.47元回

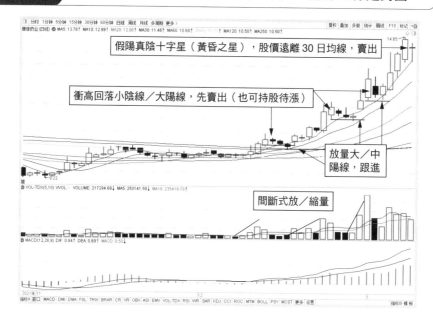

圖4-36　康緣藥業（600557）2022 年 1 月 12 日的 K 線走勢圖

假陽真陰十字星（黃昏之星），股價遠離 30 日均線，賣出

衝高回落小陰線／大陽線，先賣出（也可持股待漲）

放量大／中陽線，跟進

間斷式放／縮量

落，收出一根大陰線，然後接著展開初期上漲後的回檔洗盤吸籌行情。

11月2日，康緣藥業開低，股價衝高回落，收出一顆陰十字星，股價探至最低價9.22元止穩，回檔洗盤吸籌行情結束。這時，**投資者可以考慮進場逢低買進籌碼**。之後主力機構展開震盪盤升行情。

12月13日，康緣藥業開低，收出一根中陽線，突破前高和平台，成交量較前一交易日放大近2倍。此時均線（除250日均線外）呈現多頭排列，MACD、KDJ等各項技術指標走強，股價強勢特徵顯現，後市股價上漲機率高。這時，**投資者可以在當日或次日進場逢低買進籌碼**。之後主力機構展開間斷式放／縮量台階式拉升股價。

12月15日，康緣藥業開高，股價衝高回落，收出一根陰十字星，成交量較前一交易日萎縮，展開縮量橫盤整理洗盤，**投資者可以在當日或次日逢高先賣出手中籌碼**，也可以持股待漲。

12月20日，康緣藥業跳空開高，收出一根大陽線，突破前高，成交

量較前一交易日放大2倍多，**投資者可以在當日或次日買進籌碼。**之後主力機構展開第二個台階放量拉升。

12月27日，康緣藥業開低，股價衝高回落，收出一根螺旋槳陽K線，成交量較前一交易日萎縮，展開縮量橫盤整理洗盤，**投資者可以在當日或次日逢高先賣出手中籌碼，也可以持股待漲。**

12月31日，康緣藥業跳空開高，收出一根大陽線，成交量較前一交易日放大3倍多，**投資者可以在當日或次日進場。**之後主力機構展開第三個台階放量拉升。

2022年1月5日，康緣藥業開低，股價衝高回落，收出一根長上影線大陰線，成交量較前一交易日大幅萎縮，展開縮量橫盤整理洗盤，**投資者可以在當日或次日逢高先賣出手中籌碼，也可以持股待漲。**股價縮量調整一個交易日，收出一根中陽線，**投資者可以在當日或次日進場買進籌碼。**之後主力機構展開快速拉升行情。

1月12日，康緣藥業跳空開低、收出一顆假陽真陰十字星（高位假陽真陰，千萬小心），成交量較前一日萎縮，顯示股價上漲乏力，主力機構展開調整出貨。

此時股價遠離30日均線且漲幅較大，KDJ等部分技術指標走弱，盤面弱勢特徵顯現。**投資者手中如果還有籌碼，次日應該逢高賣出，或是繼續追蹤觀察。**

從康緣藥業間斷式放／縮量，股價呈現台階式上升以來的情況看，自2021年12月13日收出一根放量中陽線（收盤價10.57元），到2022年1月12日收出一根假陽真陰十字星（收盤價14.26元），漲幅相當不錯。

【間斷式放／縮量 ③】

主力用逼空等多種手法，
股價複合式上升

　　間斷式放／縮量股價呈複合式上升，是指主力機構對目標股票股價展開放量拉升到一定高度後，不採取單一的操盤手法，而是綜合台階、波段、逼空等多種操盤手法，靈活運用，對目標股票股價展開拉升。

　　在量價特徵上，仍呈現拉升時成交量放大、股價快速上漲；橫盤整理洗盤或調整回落洗盤時，成交量逐漸萎縮，且股價大致持平或回落。回檔洗盤到位止穩後，即展開下一階段的放量拉升行情。

　　隨著多次反覆的間斷式放／縮量，股價呈一個台階一個台階，或一個波段一個波段上行。股價上升到一定高度後，主力機構一般都會展開快速拉升（出貨）行情，投資者要注意盯盤，待目標股票出現調整特徵或明顯見頂訊號時，立刻賣出。

◎國機精工（002046）

　　圖4-37是該股2021年10月20日收盤時的K線走勢圖，可以看出國機精工在2020年5月上中旬有過一波大漲，股價從5月6日的收盤價6.13元，直線上漲至5月27日的最高價14.50元。

　　接著，主力機構展開震盪下跌調整行情，股價下跌至2021年2月8日最低價7.15元止穩，下跌時間較長、跌幅較大，期間有過多次幅度較大的反彈，但該股仍處於上升趨勢中。股價止穩後，主力機構迅速推升股價，收集籌碼，隨後展開橫盤震盪洗盤吸籌行情。

　　4月28日，國機精工開高，收出一個大陽線（收盤漲幅5.01％），突破前高和平台，成交量較前一交易日放大3倍多。此時短中期均線呈

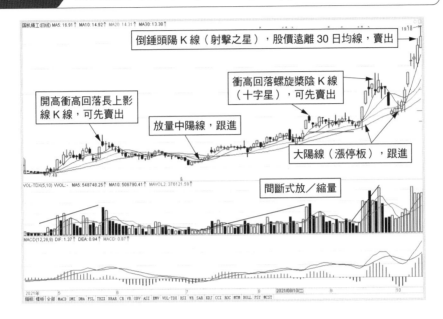

圖4-37　國機精工（002046）2021 年 10 月 20 日的 K 線走勢圖

現多頭排列，MACD、KDJ等各項技術指標走強，股價強勢特徵顯現，後市上漲機率高。這時，**投資者可以在當日或次日買進籌碼。**之後主力機構展開間斷式放／縮量複合式拉升行情。

5月26日，國機精工跳空開高，股價衝高回落，收出一根假陰真陽長上影線倒錘頭K線，成交量較前一交易日大幅放大，主力機構展開波段式回檔洗盤吸籌行情，期間成交量呈逐漸萎縮狀態，**投資者可以在當日或次日，逢高先賣出手中籌碼。**

7月5日，國機精工以平盤開出，收出一根中陽線，成交量較前一交易日萎縮，股價止穩。7月8日，國機精工開低，收出一根中陽線，突破前高，成交量較前一交易日放大2倍，加上之前收出3根陽線，股價強勢特徵顯現，**投資者可以在當日或次日買進籌碼。**之後主力機構展開第二階段放量拉升行情。

8月24日，國機精工開高，股價衝高回落，收出一根小螺旋槳陰K

線，主力機構展開縮量台階式橫盤整理洗盤，**投資者可以在當日或次日，逢高先賣出手中籌碼，也可以持股待漲。**

9月15日，國機精工跳空開高，收出一個大陽線漲停板，突破前高和平台，成交量較前一交易日放大2倍多，形成大陽線漲停K線形態。此時，均線呈現多頭排列，MACD、KDJ等各項技術指標走強，股價強勢特徵相當明顯，**投資者可以在當日或次日買進籌碼。**之後主力機構展開第三階段放量拉升行情。

9月23日，國機精工跳空開低，股價衝高回落，收出一根長上影線陰十字星、成交量較前一交易日略萎縮，主力機構展開波段式縮量回檔洗盤行情，**投資者可以在當日或次日，逢高先賣出手中籌碼。**

10月12日，國機精工開低，收出一根大陽線，成交量較前一交易日明顯放大，加上之前收出2根陽線，股價強勢特徵顯現，**投資者可以在當日或次日買進籌碼。**之後，主力機構展開快速向上拉升行情。

10月20日，國機精工開低，股價衝高回落，收出一根長上影線倒錘頭陽K線，成交量與前一交易日基本持平，顯示股價上漲乏力，主力機構已經展開調整出貨。

這時候，股價遠離30日均線且漲幅較大，KDJ等部分技術指標走弱，盤面顯現弱勢特徵。**投資者手中若有籌碼，次日應該逢高賣出。**

從國機精工間斷式放／縮量複合式拉升的情況來看，自4月28日該股跳空開高收出一根放量大陽線（收盤價7.97元），到10月20日該股跳空開低，股價衝高回落，收出一根長上影線倒錘頭陽K線（收盤價18.36元），漲幅相當可觀。

◎廣百股份（002187）

圖4-38是該股2022年1月5日收盤時的K線走勢圖，可以看出該股正處於前期高位下跌後的反彈中。股價從前期相對高位，2021年5月19日最高價9.26元，震盪下跌，至2021年7月30日最低價6.89元止穩，下跌時間不長且跌幅較大，期間有過一次較大幅度的反彈。股價止穩後，主力機構展開橫盤震盪整理行情，並收集籌碼。

圖4-38　廣百股份（002187）2022年1月5日的K線走勢圖

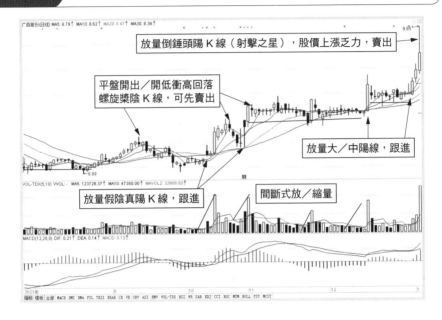

2021年8月27日，廣百股份以平盤開出，收出一根中陽線，突破平台，成交量較前一交易日放大2倍多。此時短期均線呈現多頭排列，MACD、KDJ等各項技術指標走強，股價強勢特徵顯現，後市上漲機率高。這時，**投資者可以在當日或次日買進籌碼**。之後主力機構展開間斷式放／縮量複合式拉升行情。

9月10日，廣百股份以平盤開出，股價衝高回落，收出一根螺旋槳陰K線，展開波段式縮量回檔洗盤行情，**投資者可以在當日或次日，逢高先賣出手中籌碼，或是持股待漲。**

10月15日，廣百股份跳空開高，收出一根假陰真陽小K線，突破前高，成交量較前一交易日放大近2倍，留下向上突破缺口，股價強勢特徵顯現，**投資者可以在當日或次日買進籌碼**。之後主力機構展開第二階段放量拉升行情。

10月25日，廣百股份以平盤開出，股價衝高回落，收出一根螺旋槳

陰K線，展開波段式縮量回檔洗盤行情，**投資者可以在當日或次日，逢高先賣出手中籌碼，或是持股待漲。**

10月29日，廣百股份大幅跳空開高，收出一根長下影線假陰真陽大K線（漲幅4.41％），突破前高（一舉吞沒之前3根陰K線、一顆十字星），成交量較前一交易日明顯放大，股價強勢特徵顯現，**投資者可以在當日或次日買進籌碼。**之後主力機構展開第三階段放量拉升行情。

11月2日，廣百股份開低，股價衝高回落，收出一根小螺旋槳陰K線，展開台階式橫盤整理洗盤，成交量呈萎縮狀態，**投資者可以在當日或次日，逢高先賣出手中籌碼或是持股待漲。**

12月15日（經過一個多月的橫盤整理洗盤），廣百股份開高，收出一根大陽線（漲幅6.91％），突破前高和平台，成交量較前一交易日放大11倍多。

此時，均線（除250日均線外）呈現多頭排列，MACD、KDJ等各項技術指標走強，股價強勢特徵相當明顯。**投資者可以在當日或次日買進籌碼。**之後主力機構再次展開台階式橫盤整理洗盤行情。

12月31日，廣百股份開低，收出一根中陽線，突破前高和平台，且成交量較前一交易日放大2倍多，股價強勢特徵相當明顯。**投資者可以在當日或次日進場，逢低買進籌碼。**之後主力機構展開快速向上拉升行情。

2022年1月5日，廣百股份開低，股價衝高回落（盤中一度觸及漲停），收出一根長上影線倒錘頭陽K線，成交量較前一交易日放大近3倍，顯示股價上漲乏力，主力機構展開調整出貨。此時KDJ等部分技術指標走弱，盤面弱勢特徵顯現。**投資者手中如果還有籌碼，次日應該逢高賣出。**

從廣百股份間斷式放／縮量複合式拉升的情況來看，自2021年8月27日該股以平盤開出，收出一根放量中陽線（收盤價7.27元），到2022年1月5日收出一根長上影線倒錘頭陽K線（收盤價9.30元），漲幅相當不錯。

NOTE

/　　/　　/

國家圖書館出版品預行編目（CIP）資料

明發哥教你用120張圖學會 量價K線技術分析：炒股就炒強勢股，看透主力
多空操作戰法／明發著. -- 新北市：大樂文化有限公司，2024.03
224面；17×23公分.--（Money；051）

ISBN 978-626-7422-11-3（平裝）
1. 股票投資　2. 投資技術　3. 投資分析

563.53　　　　　　　　　　　　　　　　　　　　　　　　113001558

Money 051

明發哥教你用120張圖學會 量價K線技術分析
炒股就炒強勢股，看透主力多空操作戰法

作　　者／明　發
封面設計／蕭壽佳
內頁排版／楊思思
責任編輯／周孟玟
主　　編／皮海屏
發行專員／張紜蓁
發行主任／鄭羽希
財務經理／陳碧蘭
發行經理／高世權
總編輯、總經理／蔡連壽

出 版 者／大樂文化有限公司（優渥誌）
　　　　　地址：新北市板橋區文化路一段 268 號 18 樓之 1
　　　　　電話：（02）2258-3656
　　　　　傳真：（02）2258-3660
　　　　　詢問購書相關資訊請洽：（02）2258-3656

香港發行／豐達出版發行有限公司
　　　　　地址：香港柴灣永泰道 70 號柴灣工業城 2 期 1805 室
　　　　　電話：852-2172 6513　傳真：852-2172 4355

法律顧問／第一國際法律事務所余淑杏律師
印　　刷／韋懋實業有限公司

出版日期／2024 年 03 月 12 日
定　　價／320 元（缺頁或損毀的書，請寄回更換）
I S B N／978-626-7422-11-3